余英時評政治現實

余英時——著
顏擇雅——編

余英時有才氣兼有學問，
有學問且更具道德，
具道德又不乏豁達，
是一位真正擺脫了
現代知識分子精神和道德困境
的大學者和大思想家。

其學術和思想遺產
對徹底淨化被邪惡政治文化污染的中西知識領域
有長期和巨大的引導作用。

——余茂春

目錄

編輯的話

顏擇雅

我是在二〇〇一年認識余英時夫婦的。二十年來，他夫人陳淑平可說是我最常講電話聊天的朋友。余英時有重要文章發表，她常寄給我一份。有時我透過她請教問題，她回答時先聲明：「余英時說，」然後說答案在他寫的哪一本書裡，過一陣子書就寄來了，前面還有作者題簽。

如今我感到很遺憾，甚至不可思議，如此近水樓台，從前怎沒想過要幫他編書呢？別說我自己有出版社。當初創業作，從獲知書訊到申請版權到上市宣傳，全都有賴他們幫忙。余英時獲克魯格獎後，訪客越來越多，又有研究計畫在進行，中間還大病一場，那麼多尚未結集的文章、專訪是絕不可能親自整理的。這種事不就應該由我來做？

最主要是他有長期合作的出版社，而且不只一家。我以為不缺我。

等念頭興起，他已經離開了。起因是傳記與訪談集陸續出版，內容都缺一塊，而且是很重要的一塊。也不是完全不碰，而是輕描淡寫。畢竟作者都是大陸人，還要出入大陸。我才意識到，應該要有一本書去補足那一塊。但一開始也沒想到我要做，因為手邊事好多。

再來是讀到罵他的文章。有一篇作者是他學生，稱他為「中國近現代最後一個海外華人買辦學人」，還寫說：「余氏的買辦性，淋漓盡致地展現在他非學術性的時論政論上。」我不禁喊：「夠了！」這才發覺事都可以擱下，趕快編出這本《余英時評政治現實》要緊。

陳淑平對於有誰罵余英時是無感的，再怎麼離譜她都覺得我大驚小怪：「一定的嘛，怎可能只有稱讚？」但我說想要編書，她就十足支持了，馬上說有未發表的文章可以給我。

選文時，首要條件是從未收入他已出版的文集。版權只是考量之一，更大原因是篇幅寶貴，想空出空間給散落在舊報紙、舊雜誌，如今在圖書館甚至網路都不好找的那些文章。

當然就算沒這本書，這些文章也遲早會收入將來出版的文集。在我還沒向陳淑平提議之前，就有出版人告訴她打算編全集了。但我認為，余英時獲得讚譽雖然主要憑其史學成就，遭致毀謗卻全是因為政治立場。光這點，政論就應該挑出來，獨立成書。

獨立成書還有一個好處，就是可以給中國海內外與香港的民主派鼓舞士氣。在我眼中，余英時是「無入而不自得」，很能自處的人。他走前，對於中國境內與香港的情勢雖說短期悲觀，但長期是樂觀的。「我應該看不到，但我知道它會倒台，就夠了。」這是二〇一九年他當面告訴我的。如此，我認定他走得沒有遺憾。何況，走的也只是肉身，精神一直留在作品裡。編這本《余英時評政治現實》，就是要把他的最重要精神凝聚起來。

他的半世紀好友陳方正在聯經主辦的紀念論壇中說，余英時是冷戰期間香港「美國文化戰略最成功的典型」，這話讓我搖頭，但陳的主題是余英時有兩個世界，一是歷史研究的世界，一是當代中國批判的世界，彼此不只結合，還互相影響，這點我只能點頭如搗蒜。

但編書時最困擾的也是這點。說是只收政論，但是余英時的政治看法與史學思想是一體兩面，很難一刀切。後來，我是想到〈家天下、族天下、黨天下〉一篇已經用千餘字，就寫出中共極權與明清專制在余英時眼中的關聯性，因此放前面，當作代序。這樣，近現代史的許多論述，就決定割愛了。

一開始以為的代序其實是〈待從頭，收拾舊山河〉，這篇短小精悍，知名度大，卻不知為何尚未收入文集，這是我很後悔當年沒問他本人的問題之一。但編輯快完成才發現，這篇雖然寫成於離世前三十年，卻最像他的政治遺言。因此挪到最後，當作結語。

我為每篇都寫了編輯按語，註明作品背景，以及發表後引來什麼罵名，「反華仇華勢力的急先鋒」之類的。過程當然有很多感想，但我都克制不寫出來。出書用意就是要讓更多人繼承余英時的精神，當然讓他本人發聲就好。

代序

家天下、族天下、黨天下

「家天下」、「族天下」和「黨天下」是中國史上到今天為止的三種基本的統治形態。

「家天下」的概念開始得很早，秦始皇時候便有人提出「五帝以天下為官，三王以天下為家」的分別。（《說苑・至公》）在這個意義上，漢朝的天下是屬於劉家的，唐朝屬於李家的，餘可類推。「家天下」的治與亂繫於皇帝一人的是否有「德」或有「道」。但歷史上的「有道之君」實在太少。在君「德」不足或竟「無道」的時候，皇帝便不免「與天下為敵」，而首先是與他的統治機器——政府組織——直接衝突。這時他的「家天下」便越來越沒有社會基礎，只有依賴外戚、宦官維持他的統治了。這是「家天下」最脆弱的地方：它沒有確定的統治集團作後盾。一般地說，「家天下」的王朝在初創時期多少能給人民以某種期待——這是它「得天下」的根據，再下去便靠不住了。

中國史上另有一型「族天下」的王朝，這是由漢人以外的少數民族建立的。中國歷史家稱之為「異族入主」，日本和西方學者則稱之為「征服王朝」。在這一型的王朝體系之下，

「天下」屬於整個「族」，而不是屬於某一「家」。例如鮮卑的北魏、契丹的遼、女真的金，更有統一了中國的蒙元和滿清都可以說是「族天下」。「族天下」主要是以力服人。但這一型的王朝能以少數征服多數並統治多數，其中如滿清甚至還能維持其統治至二百六十八年之久，則是因為它有一個特殊的優勢是「家天下」型的王朝所不具備的。上面已指出，「家天下」政權的後面沒有一個確定的統治集團作後盾，「族天下」政權的優勢便恰好在此，它不是以孤零零的皇帝一家為本位，而是以全族為本位。「族」不但構成了征服王朝的統治集團，而且還是有嚴密組織的。滿洲八旗制度便是一個最明顯的例子。征服王朝沒有所謂外戚或宦官亂政，其原因也在於此。滿清王朝最後的崩潰，原因很多，但八旗制度不再能有效維持以致多數旗人連生計都發生問題，也是其中之一。

「黨天下」是二十世紀的新現象，在結構上它是從外面（前蘇聯）移植過來的。國、共兩黨都是以列寧、斯大林的黨組織為原型而建立起來的。所不同者一個不徹底（國），一個徹底（共）而已。「黨天下」的政權揚棄了王朝形式。就這一點說，它代表了一種「現代化」。但在精神上「黨天下」並沒有完全擺脫掉王朝的若干主要特徵。最明顯的，劉邦「馬上得天下」，趙匡胤「一條桿棒打下四百座軍州」，而「黨天下」的開創者也深信「槍桿子出政權」是絕對真理。政權可以和平轉移的想法在「黨天下」的世界裡是根本不存在的。像「家天下」王朝一樣，「黨天下」政權在建立之初也曾給人民帶來了期待。但也僅此為止，天下到手以後黨便再也不受任何拘束了。像「族天下」王朝一樣，「黨天下」也有一個確定的統治集團，而黨組織的嚴密更遠非傳統的族組織所能比擬。

「黨天下」的概念是四十年前由儲安平叫響的（恐怕不是他最先發明的），他為此付出了最沉重的代價。中國政治的「現代化」是不是到「黨天下」便已臻止境了呢？到今天為止，天下還沒有出現過萬世一系的政權。如果政權必須轉移，是從槍桿裡面出來好呢？還是和平的方式比較合乎文明的標準呢？如果接受和平轉移的原則，人們又應該作些什麼準備呢？這些問題似乎都是值得想想的。

【編按】

此文刊於《明報月刊》一九九八年二月號。「族天下」一語是余英時自創。在「家天下」與「黨天下」中間插入一個「族天下」，是要提醒我們在中共「一黨專政」之前，曾有過清朝的「一族專政」。作者發表在一九九八年二月號《二十一世紀》的〈戊戌政變今讀〉一文，就是用「一族專政」來解釋為什麼康梁變法根本不可能成功。二〇一一年接受馬國川訪談，也再次用黨國體制比擬滿清政權，指出辛亥革命就是「滿洲黨」緊抓權力不放的自然結果（見馬國川《沒有皇帝的中國》一書）。

最後見解

沒有政權能恃暴力傳之久遠

訪談◎羅四鴒

羅： 被嚴耕望先生稱為「中國現代史學四大家」的陳寅恪、陳垣、呂思勉、錢穆，都與您有著學術上的聯繫。民國時代史學家可謂燦若星河，與之相比，當下史學研究黯淡許多。您認為當下中國歷史研究的問題在哪裡？

余： 現在中國史學研究有一個很大的困擾，那就是意識形態的干擾。在一九四九年以前，中國史學已達到了世界的水平。十八世紀以下，中國的經史考據異常發達，史書上稱之為「乾嘉考證」。胡適把這一階段看作是「科學方法」在學術史上的光輝時期。不過中國的科學方法是在人文研究上發展出來的，與西方出於對自然界的研究不同。但就科學精神而言，二者是很相近的，都取得了可靠的知識。

清末至五四時期，中國又大量吸收了西方人文社會科學的新成果，史學的現代化已全面展開。由於當時學術思想十分自由，史學領域中出現了許多具有原創性的研究，而且是多元化的取向，不拘一格。我們只要稍稍回顧一下一九一九年胡適《中國哲學史大綱》

以下多數新作品，就一目瞭然了。

但一九四九年以後，馬列主義意識形態（唯物論、辯證法）絕對宰制了史學研究，斯大林的歷史五階段論（原始共產主義、奴隸、封建、資本主義、共產主義）已成為史學家必須完全接受的「真理」。所以整個毛的統治期，史學全是教條化的東西。八十年代以後，史學一度有開放的跡象，但六四以後又收緊了，而且意識形態並未改變，不過史學家可以避而不理罷了。

這十多年來大陸史學家出版了不少有價值的專題研究；但他們避免涉及歷史理論，盡量在比較小範圍內進行具體的研究，很像清代的考證。其中尤以文本疏解、新史料考釋最受重視，因為這是政治上「安全」的工作。但是在這些考證式的研究中，大陸有一部分學者又表現出另一特色，即文章的註腳中只引經、史、子、集、筆記之類原始資料，看不到其他學者的相關研究，尤其是外國的研究。這一點似應注意。

羅：錢穆先生晚年《師友雜憶》有言：「東西文化孰得孰失，孰優孰劣，此一問題圍困住近一百年來之全中國人，余之一生亦被困在此一問題內。」您又是怎麼看待「東西文化孰優孰劣」這一問題的？

余：基本上，我認為不同文化之間互相影響是歷史常態。中國文化一向是對外開放的，佛教傳來及其重大影響便是顯例。近代中國對西方文化的態度更證實了這一開放的性格。記得唐君毅師曾用《水滸傳》中「莫遮攔」的綽號來形容中國人對外來文化的態度，真是傳神之至。

最早欣賞西方文化的是晚清的儒家學人，如王韜、郭嵩燾、嚴復、康有為等，他們看到英國的民主體制和重人道的司法制度，往往情不自禁地歎為中國「三代」理想的實現。到了梁啟超、胡適的時代，對與西方現代人文主義新文明則仰慕得更深了。

但在上世紀二、三十年代以後，中國發生了一場關於中西文化異同離合的大爭論。其中有兩派特別值得注意：一派是所謂「全盤西化」，即認為中國文化整個落後了，必須拋卻，改從「西化」。另一派則認為中國傳統文化自有特色，必須保存，不能因接受西方新事物而棄之如遺。

後一派當時反對者曾稱之為「中學為體，西學為用」的新版，其實並不確切。這裡不能討論這一爭論。我只想指出，「全盤西化」確是一個過分激烈的口號，所以胡適很快便改用「現代化」來代替「西化」。他去美國演講也一再強調中國文化中也發展出近於「自由」和「民主」的意識。撇開「體」、「用」之說不談，中國文化如何和西方文化走向融合則是一個客觀的問題，無可否認。

我抱這種看法，也有個人際遇的背景。抗日戰爭期間，我在安徽潛山官莊鎮住了整整九年，那是一個典型的傳統社會，雖然正規教育斷斷續續，但仍給我最初的人生啟蒙。而此後數十年在香港和美國的人生經歷使我不能不承認：傳統文化是完全可以和西方文化匯流的。

羅：作為一種外來文化，為什麼共產主義在中國如此容易生根？是不是因為中國傳統的崩潰，共產主義才趁虛而入的？

余：這是一個假問題。共產主義並沒有在中國「生根」，只是共產黨假借「共產主義」之名，以暴力征服了中國，又用暴力統治人民至七、八十年之久。

真正的問題應該是：為什麼出現於現代西方的一種極權式（totalitarian）政黨（即共產黨，但此外還有納粹黨和法西斯黨），竟能奪得了中國政權，並統治了這麼久？這決不是因為中國人普遍「認同」並「接受」了共產主義。譬如在井岡山時期，按當時共產國際人員如伊羅生（Harold R. Isaacs）的調查，「紅軍」中雖有農民，但並不是自願參加，而是被強迫進來的，所以逃散者很多。此後一兩年，當地農村中人不但不支持「紅軍」，而且還把他們當「土匪」來攻擊。（見《中國革命的悲劇》，*The Tragedy of Chinese Revolution*，*Stanford University Press*，一九六一）伊羅生完全根據中共內部文件，並得到中共人員劉仁靜的協助，所以是可信的。伊羅生的話稍後又在《龔楚將軍回憶錄》（香港月刊社，一九七八年）中得到直接的印證。龔最初是在井岡山追隨過毛澤東的人，更無可疑。所以我們絕對不能把暴力奪權，看作是「共產主義」在中國生了根。

關於中共統治何以能持續這樣久？這更不能看作是中國人認同了「一黨專政」的體系。

認真解釋起來，原因多得很。但這裡我只想舉出一個最大的關鍵。這就是中共用暴力奪權之後，又用暴力沒收了所有人（士、農、工、商都在其中）的私有財產。這一蘇聯模式在中國史上是空前絕後的，以往沒有一個王朝政權敢這樣做。

中共最早用「分田分地」的號召，進行「土改」，以爭取農民的支持，然而一兩年後開始了所謂的「農業合作社」，把土地逐步收為「國有」（事實上是「黨有」）。中共也曾保證過「民族資本家」可以經營企業，但「三反」、「五反」一來，他們的產權便消失了。此外，知識分子曾被定性為「小資產階級」，可以有一些活動的空間，然而，一九五二年便展開了「思想」改造，受盡種種侮辱；一九五七年「反右」之後，則淪為勞改的對象。工人在名義上是正宗的「無產階級」，但是他們不但不是領導人，而且連罷工權也被剝奪了。

中共何以能如此任意擺布士、農、工、商？這是因為一切生活和生產的資料已收在「黨」的手中，他們之中任何人和「黨」鬧翻了，便立即失去生存的條件。

羅：西方曾有觀點認為，中國經濟發展了，中產階級增多了，大家就會有政治訴求，並且要求民主，但目前這種趨向似乎並不明顯，您怎麼看這個觀點？

余：這是上世紀西方史學和社會科學界普遍流傳的一個觀點。在上世紀中葉，美國「現代化理論」一派社會學家對這一題旨做過很多研究。但最近大家都承認這是將西方（如英、法、美等）的特殊歷史經驗擴大到全世界，今天已為新的歷史事實所否定，不足取信。

經濟發展對政治一定會有影響，這是不成問題的，但其結果不一定是促成民主，而且往往會加強專制或獨裁。上世紀三十年代德國工商業的發展造就了經濟繁榮，反而導致納粹希特勒的崛起；日本明治維新帶來的高度工業化，則為軍國主義鋪了路。

六四之後，江澤民有意廢除鄉鎮企業之類「經濟放鬆」的活動，這一轉變引起了鄧小平的憤怒，於是才有所謂「南巡」之舉。後者經過對六四事件的反思，認定「經濟放鬆」是決不能放棄的，因為這是挽救黨脫出危機的唯一道路。與毛澤東從「一窮二白」走向社會主義的主張相反，鄧小平堅信：經濟興旺才是共產黨專政的唯一可靠的基礎。所以他不但喊出「讓一部分人先富起來」的口號，而且公開禁絕「姓社姓資」的爭論。這其實是明確表示：他的「經濟放鬆」將援用資本主義中一切能夠致富的手段。這是中共史上劃時代的大變動：一個號稱代表「無產階級」的革命政黨，一變而為資本主義在中國的全面實現而奮鬥。

但是我必須補充的是，鄧所構思的「資本主義」完全不是西方長期流行的資本主義經濟體系。他的「資本主義」是完全控制在「黨」的掌握之中的，其模式大致如下：共產黨變成一個大資本家集體，所有重大的企業都是所謂的「國企」，其實便是由黨委控制的組織，所以應該稱為「黨企」。西方觀察家把鄧小平模式稱作「國家資本主義」（state capitalism），其實並不準確，這是因為西方人不能想像有「黨資本主義」（party capitalism）這樣古怪的東西。

羅：「黨資本主義」的確是一個很新鮮的說法，該如何理解其中邏輯？

余：今天我們都知道，中國經濟是抓在一百三、四十家國企的手上，它們的勢力遍布世界各國。但後台老闆都是黨中央。除「黨企」之外，當然也有私人或公私合營的企業，但它們也同樣直接在「黨」的控制之下。試想從銀行貸款到運輸工具等等，無一不需「黨」的允許，離開「黨」如何能運作？私人企業家偶有不聽「黨」的話，不是破產，便是入獄，甚至死刑。在這一獨特的體制下，「黨」隨時隨地操縱著市場的動態，上述一百多家「國企」在世界（尤其是美國）的自由市場中運轉自如，大獲其利。但美國大企業想打進中國市場卻困難重重，受到無數限制，因為中國根本不存在一個自由市場。共產黨既成為獨一無二的集體大資本家，在中國先富起來的，當然只能是自己的人。直接負責發展「黨資本主義」的人員（如國企經營者）固然「近水樓台先得月」，但從中央到各層地方一切相關機構，其中稍有權勢的幹部，無人不要求分享利益。這樣一來，整個官僚系統便進入了資產階級化的程序。

近幾年來，中共發動的所謂「反腐」運動給我們提供了最清楚的證據。現在當權派消滅政敵，一律用「反腐」為罪名，「反腐」已正式取代了毛時代的「路線」，如薄熙來、周永康等，明明是在與習近平爭權中被鬥垮的，但「腐敗」卻在罪行中佔著重要的部分。最令人驚異的是在千千萬萬「腐敗」罪犯之中，有許多只是中下級幹部，但所報貪汙數目竟從數百萬（人民幣）一直上升到數億。至於高級幹部則更加可想而知。

這恰好說明，所謂「腐敗」，在「黨資本主義」下，已是官僚系統的一個組成部分，成為「一部分人先富起來」的一條主要渠道，這真是對鄧小平的莫大諷刺，當然更是這位「改革開放」總工程師始料所不及的。但是在既無法治又無任何社會制約力量的情況下，權力在握的「黨資本家」走上這條路是無可避免的。

再看所謂的私人企業的組成方式，情況便更清楚了。從許多大貪汙案中，我們發現中共最高層領導人（如周永康）的家人、親戚、朋友等，不但都以私人名義經營企業，而且規模之大極為驚人。最高層如此，各階層官僚也無不如此，可知這已構成官僚系統資產階級化的一個普遍律則。

在這一「黨資本主義」建立和成長的過程中，當然也有一些平民，由於機緣湊巧而「富起來」的，但他們的人數與規模都遠不能與上述類型的人相比，因而也不是足以形成自由市場中的中產階級。所以，整體觀察，在「改革開放」以後致富的人，不是一般自由市場中的資產階級，而是一個特權群體；他們的特權完全依附於黨的當權派，自然不可能產生民主訴求，因為民主是不允許任何特權存在的。大陸觀察家對於這一「黨資本主義」早有深切認識，稱之為「權貴資本主義」。據我所見，晚年趙紫陽在反思中也接受了這一概念。

羅：在這種「黨資本主義」體制下，如果此前被寄予希望的「中產階級」無力承擔起驅動體制變遷的重任，那麼對執政黨審時度勢、主動轉型是否能抱有期待？

余：一九七六年毛澤東去世之後，鄧小平推動所謂的「改革」和「開放」，在整個八十年代，給人一種印象，好像中共向民主自由的方向轉型。大陸上的「文化熱」和對西方自由主義與普世價值的追求，都是在這背景下發生的。當時我們在海外的人（包括台灣與香港），也同有此感，以為鄧小平可能像蔣經國一樣，試圖從「一黨專政」的舊格局中脫離出來，走上民主自由之路。

但是六四事件徹底否定了大家的幻想，不但大陸和海外人民，中共黨內也有一大批人誤解了所謂的「改革」與「開放」，胡耀邦和趙紫陽便是兩個最突出的例子。他們兩人都認識到經濟方面「改革」與「開放」，最後不可避免地要求政治方面的改革相配合。這就逼使黨將獨佔的權力逐步讓出來。趙任總理時期將一部分黨中央的權力下放到地方，以便於發展經濟。這已造成黨中央不能有效控制地方的形勢。但權還在黨內，鄧小平等尚不得不容忍。但發展到六四前夕的狀況，社會上普遍要求黨權外放，鄧便不惜下狠手，以武力逆轉了局面。

我曾寫過長文[1]，說明鄧小平及黨內保守老人（如陳雲）等對於「改革」與「開放」的

1 編註：指余英時在二〇〇六年為陳彥《中國之覺醒》寫的序，副題〈經濟放鬆與政治加緊：試說「黨天下」的解體過程〉。三民版《會友集》下冊有收這篇。

構想，可以歸納為八個字——「經濟放鬆，政治加緊」，而且前者是為後者服務的，只要「經濟放鬆」傷害到「政治加緊」，他們便立即犧牲前者以便保全後者。總而言之，共產黨的最大特色是將所有權力都收在黨內，然後通過黨組織控制每一家，每一人。而它所以能做到這一點，則主要在於上面所說的，它全面掌握了生活資源，人人要吃飯都離不開「黨」。共產黨這一基本性質不變，便不可能有什麼「民主轉型」。

毛澤東的獨夫統治，特別是十年「文革」造成民窮財盡的大危機。鄧小平為了挽救中共的命運，才採用了「經濟放鬆，政治加緊」的新政策，結果卻產生了意外的效果，重新奠定了「黨」的權力基礎。

羅：所以我們最終還是回到那個老問題——中國未來走向何處？在您眼中是何種前景？

余：我學歷史，只能回顧過去，對中國何以走到今天這種現狀進行一些反思，取得一些理解，但我沒有預言的本領。何況這一問題太大，必須寫專書或長篇論文才能交代，只能說幾句話來表達我個人的想法。

中國的現狀是將極權主義的專制發展到了最高的限度，但這一極權統治已從毛時代的蘇聯斯大林型轉變為納粹德國的希特勒型。由於這一轉變，馬列的意識形態已完全破產；更由於「黨資本主義」使貧富越來越兩極化，中共不敢再談什麼「階級鬥爭」了，因此只有靠煽動民族主義激情來籠絡人心。這正是希特勒走的險路。

鄧小平和中共元老所推動的改革開放雖然是要通過「經濟放鬆」來加強「政治加緊」，

但鑒於毛澤東的殷鑑，對「一黨專政」還是立下了一些限制。最重要的有兩點：一是不設「黨主席」，改為「總書記」，進行「集體領導」，這就可以避免流為一人獨裁的局面；二是對人權、言論出版、自由之類的普世價值不公開攻擊，以免引起世界（特別是美國）的指責，因為當時中共在經濟發展上正需要世界各國（特別是美國）的幫助。與鄧時代相對照，今天的現狀把上述兩點限制完全拋棄了：第一，「集體領導」不但已名存實亡，一人獨裁更取得憲法的認同而成為終身制；第二，中共現在正式公開宣布，所謂「普世價值」不過是西方價值的變名，中國人是不接受的。所以中國人現在上不能「妄議中央」，下不能「尋釁滋事」，媒體上更不許發布任何不利於黨的消息。學術思想的嚴格控制不但在國內大學和研究單位普遍存在，而且近年已延伸到國際上來了。現狀如此，我們說它將極權統治發揮到了最高峰，是絲毫不誇張的。

在這一現狀下，要談中國將走向何處，簡直無從說起。在眼見的未來，現狀似乎沒有改變的可能，至少三兩年內還看不到。有大量的錢為運作的資源，更有無窮的暴力（如國安、警察、軍隊等）作後盾，「黨資本主義」的統治一時還無法動搖。中共在六四屠殺以後的一兩年間確有政治危機，但鄧小平仍能得到美國一定程度的經濟支持，同時海外華人（包括香港、台灣、東南亞、西方等地）受中共特別優待條件吸引，紛紛藉機來大陸投資，終於挽救了大陸的經濟生機。危機一過，便沒有任何力量能夠逼使中共進行政治改變了。

羅：在這種局面中，知識分子該何以自處？又該以何種心態面對未來？

余：今天已不可能出現六四前幾年的「文化熱」了，知識人處於社會邊緣的地位，不再能扮演思想導師的角色。今天大陸上與黨相抗的知識人只剩下一兩百位人權律師。但他們正在不斷被迫害中，或羅織入獄，或被捕失蹤；他們連為自己的人權辯護也做不到了。此外，社會上更沒有一個獨立的中產階級，可以表達他們的政治訴求，我實在看不出中國的出路在哪裡。

但這絕不表示我認為「黨資本主義」專政已一統天下，再也不可能撼動了。從歷史上看，古今中外沒有出現一個全恃暴力而能傳之久遠的政權。如果「焚書坑儒」和「偶語棄市」是政權的可靠保證，那麼中國今天應該還是秦始皇的世界。得力於現代發展出來的極權組織和種種科技手段，中共的專政程度已遠在秦始皇、李斯之上。但上面曾論證，「黨資本主義」主要是為「先富起來」的特權群體服務的，其最顯著的後果之一即貧富兩極化。為了維護這一特權群體，黨的專政往往不免要犧牲其他貧弱群體，並因此引起他們的集體抗議，造成事件。這裡可以清楚地看出「黨天下」內在的致命弱點。

幾年前，大陸媒體比較自由時，經常報導每年群體性事件和抗議，有時竟至十幾萬次。近幾年來，媒體控制越來越嚴厲，我們已讀不到這類統計數字。但相關信息仍然不絕於耳，例如最近卡車司機聯合大罷工，喊出「活不下去」的口號，上海、山東、重慶、廣州、安徽、江西、浙江、河南各地司機都起而響應，顯示出危機蔓延之廣。以中共的專政力量，它也許能把這些個別的抗議和危機一一壓制下去，但這是一個無盡無休的過程，誰也不敢說壓制可以永遠成功。專政一天比一天加緊，正是它「害怕」的反應，所謂「四個自信」（道路自信、理論自信、制度自信、文化自信），其實是在掩飾「害怕」。

總結一句，我雖然看不出中國現狀如何改變及何時改變，但我仍然堅信目前的極權統治並不是鐵打的江山，因為存在著內在的不可克服的致命因素。無盡無休的集體抗議，每發生一次都會引起一點負面的作用。思想言論自由的全面禁絕，又切斷了學術和教育的進路，整體文化勢將越來越停滯不前。極權體系在短期內也許可以維持一種表面上的「穩定」，但是暗地裡卻在不斷弱化之中。用馬克思主義的語言來說，量變總有抵達質變的一天。

【編按】

本篇發表於二〇一八年八月六日《端傳媒》，採訪時間是四月，地點在普林斯頓余宅。問答的逐字稿經過余英時親手改寫後，打完字又有給他看一遍。

羅四鴒曾任上海《文學報》記者，現為自由撰稿者，定居美國波士頓。

中國極權主義的起源

採訪◎郭玉（Ursula Gauthier）
翻譯◎顏擇雅

郭：您研究中國歷史已超過一甲子，視野不拘於任何朝代，也貫通諸多門類。上起先秦，下逮鄧後，從思想到政治、文化、商貿，甚至物質生活，都在您的著述範圍內。請容我先問個簡單問題：「empire」中文怎麼說？

余：問題一點都不簡單！古代中國並不用「帝國」去稱呼恃強凌弱的國家。帝國主義的「帝國」這個詞在中文是現代才出現，在中國人的認知也只是用來指稱羅馬、蒙古、奧斯曼、俄羅斯、英國、法國等等，但絕對不是中國。不管正不正確，中國人就是看不出中國具備類似的政治組織形式。歷代所有政權，古書只稱某「朝」或「國朝」，像「唐朝」，但絕不會說「唐帝國」。原因不用懷疑，就是古人視「中國」為一種文明，而不是國族或政治實體。

郭：但在公元前三世紀，秦統一天下，政治整個改頭換面，統治者從此不再稱「王」，而叫

「帝」了。

余：沒錯。本來「皇」是三皇，「帝」是五帝，都是最尊貴的神祇。秦始皇初併天下，制度鼎新革故的同時，決定統治者也該享有別開生面的新稱謂。「皇帝」一詞是這樣來的，字面意思是至高無上。西方沒更好的譯法，才譯為「emperor」。[1]

郭：請問秦始皇創造的制度跟從前有什麼不一樣？

余：傳統史家都說夏商周三代統治的是一群王侯，彼此既鬆散結盟，又不時交戰。這是封建時代。這點中國跟歐洲相反。歐洲是羅馬帝國滅亡才進入封建，中國的封建則發生於秦始皇統一之前。但諸侯都被秦始皇廢了，從此疆域分成三十六郡，郡守郡尉是中央輪派的專職官員，直接聽命於皇帝，再沒有地方世襲公侯可以指揮他們。這是全新制度。

郭：這是世襲王侯的終結？

余：沒錯，除了皇族，其他世襲權利都廢除了。朝廷公卿、地方太守都不再能世襲。當然有些小變化。漢初有恢復一部分封建制，分封郡國給功臣與皇親。那是因為漢高祖劉邦出身卑微，原本只是個縣令。一旦征服全中國，怎麼控制廣土眾民？只好廣封同姓兄弟子侄，給土地也給王號，把他們變成世襲諸侯。這樣就有了內亂的風險。但時間久了，漢朝還是走上郡縣制，保住長治久安的局面。

郭：秦漢以後，所有朝代有什麼共同點？

余：第一個共同點，就是皇帝只有一個，帝王家也只有一家。[2]秦統一至滅亡僅僅十年，漢祚卻超過四百年。後來不管怎麼改朝換代，有個制度是不變的：最上面有個絕對君主，再下來有個權力高度集中於中央的行政機構。

第二個共同點是官僚的選拔與培訓。太學是公元前一二四年創立的，是中央層級的大學，裡面有幾位「博士」，類似講座教授。博士門下都有十幾名弟子。郡國亦設郡國學。漢朝就從這些人才養成中心挖掘官僚新血。太學生與郡國學生都必須熟讀五經，這就是那年代的「國家教育」。公元一世紀末，學生人數已多達一萬。到了二世紀末，也就是東漢末年，光京城洛陽就有三萬太學生。這個階級成為重要的政治勢力，足以跟宦官對抗周旋。

後來每個朝代都因襲類似的統治模式，皇帝號令全國，必須倚賴技術官僚這個階層。皇帝或多或少，也可以把權力下放。要參與官僚階層就必須學習五經，並通過（太學後不久創立的）科舉。同一套制度，整整延續了兩千年。

郭：五經就是儒家經典嗎？

余：這裡我要糾正一種很普遍的誤解。五經不是儒家。《詩經》作品大多創作於西周，比孔

---

1 譯注：英文 emperor（皇帝）詞源是拉丁文 imperator，本意是大元帥。

2 譯注：羅馬帝國經常兩個皇帝共治，一度多達四個。

子早了數百年。《尚書》描述夏、商、周三代史事。《周易》起源已不可考。這些典籍，孔子都不是作者，只是研究者與傳授者。

這幾本是在孔子過世後數百年，太學初創時，才被挑選出來，加上註解，構成國家教育的基礎。因此，五經既不表達孔子的思想，也不代表儒家或任何一家的思想。說中國在公元前一二四年成為儒家統治是錯誤的。

郭：五經既然不是儒家，那應該怎麼形容？

余：應該說是中國人的「聖典」。上古傳承下來，不分門派的學者都要學習，不屬於一家一派，到頭來成為官僚考試的一般科目。是因為這樣，五經才名聞遐邇，廣受尊崇。

郭：五經有什麼特別思想嗎？

余：如果你問一種全面貫通的思想，答案是沒有。五經就是中國古人智慧的總和。不空談理論，也不虛造什麼構想，不像柏拉圖的烏托邦。書中就是古聖先賢在人情義理上面的真知灼見，構成做人做事的最佳方針。例如《尚書》反覆強調為政必須有德，心要正，一定要關注人民需求。但這並不是純粹的道德指令。《尚書》只是解釋人民順不順服，要看為政者是否照顧人民福祉。為政者如果自私自利，不管人民死活，就會失去民心，也就是失去「天命」。起兵打天下的都相信自己是天選的。但天也聽民心。民怨沖天，天命就輪到別人了。因此，「天命」其實也是「民命」。這是孔子以前就有的概念，是中世紀拉丁文諺語「vox populi, vox Dei」（人民聲音即上帝聲音）的中國版。

郭：儒學什麼時候變成欽定正學？

余：純粹儒學從來沒有構成欽定正學。「儒」只是「百家」中的一家，其他還有法家、墨家、道家，還有晚出的佛家。各家重要著作都叫「經」。最致力於承繼聖賢學問的，都叫「儒」。

儒家經典變科舉必讀，其實是五經納入官學一千年後的事。《論語》、《孟子》變科舉文本是「五經」擴大為「十三經」以後的事，這時已是宋朝。這時，跟孔子隔很遠的後學弟子已經吸收了儒家以外的許多理念，創造出一種混合版的儒學。這就是宋明理學，盛行於讀書人之間直到清末，裡面有佛家與老莊的強烈影響。

郭：那要怎麼描述中國傳統的治國理念？

余：要看時代。但漢武帝後形成一種持久的二合一，叫「外儒內法」。法家與儒家原本是彼此矛盾的，法家主張嚴刑峻法，不忌冤濫。孔子則反對「齊之以刑」，主張道德教化。儒家是一種人文主義，主張待人寬厚，就能感染身邊的人，再往外擴散。君子之德是可以一傳十，十傳百，終於傳遍整個社群，陶養出集體的民風醇厚。其實漢代或以後，根本沒有純粹儒家的治術。官員要把事做好，孔子方法是不切實際的。即使要在個人層次力行，也很困難。要人人都對靈異世界嚴守「敬鬼神而遠之」那種分際，是不可能的。到頭來官員派上用場的，搞不好比較多是墨家、道家、佛家的理念。再怎麼南轅北轍的思想學派，在中國都可以互通有無，交叉滲透。

郭：孔子怎麼看權力行使？

余：主要是「為政以德」。對孔子而言，統治者不該耍威弄權，而應該仁民愛物，仁愛的內在力量自然會感化他人。有點類似道家「無為」，皇帝不必做什麼，「譬如北辰，居其所而眾星拱之」。純粹儒家的治術是接近「大同之治」，不需要強制，不必使用刑罰。人人天生具有善性，就算犯過錯，也可自我改過。

請注意，中國共產黨也相信同一套：緊守馬克思主義的原則，就不會再犯錯。就算偶爾犯錯，也可以自己第一個發覺，自動自發進行自我批評。我年輕時在中國，經常聽到共產黨員闡述這種信仰。其實跟儒家一模一樣。

郭：不同朝代還有沒有其他的共同特徵？

余：科舉有一面向較少人知道，但很重要，影響也相當深遠。漢代剛開始有科舉，就規定各地薦舉名額必須按人口比例。每二十萬人口薦舉一名，邊疆地廣人稀，變成十萬人一名。這樣，進入政府的人才除了明白經書上的治國處世之道，還構成全國人民的代表性樣本。這是為什麼韋伯會在中國科舉制裡看見「半民主」的向度。這是全世界絕無僅有的官吏招募方式，在中國是源遠流長，即使在異族統治王朝也沒荒廢，對長久的政治統合是很有貢獻的。

有人說中國共產黨是菁英治國，背後有科舉制的傳承。這有兩點說不通。一，中共的最高機構像中央委員會、政治局，其組成並不具所有地區的代表性，少數民族就算進去也是鳳毛麟角。二，幹部培訓不是透過共同價值，而是特定意識形態，晉升也不是憑賢能，而是看有沒跟對人。

傳統王朝是君主專制沒錯，但是君權多少受到公卿集體的拘束，而公卿都是操守與詩禮修養的菁英。中共因為一切資源都是黨壟斷，一切規則都是黨說了算，獨裁就更無可救藥。

郭：帝國難道有免於君主獨裁？

余：當然有些獨夫。像明太祖為了大權獨攬，廢除宰相，也就是文官集團的領袖。官員批評朝政，可能引來殺身之禍。幾位大臣就這樣丟了性命。權力沒受到拘束，沒有制約，到頭來落入一群宦官手裡，造成國事頹唐，日漸沉淪，明朝就滅亡了。

但是明太祖的大權獨攬在中國歷史上是例外，不是通則。整個來看，歷代王朝的權力都是士大夫集團在運作，皇帝通常也由著他們去運作。

學者已經指出，唐代的官員升遷確實是看功績。甚至，皇帝想做主拔擢某人，詔書送到門下省，裡面官員也可以用「非次遷授」的理由予以駁回。當然皇帝如果堅持，下面不能反對。因此歷史上也出過幾位獨夫，但制度本身並不專制。

郭：中國跟帝國主義的「帝國」有什麼不一樣嗎？

余：想到帝國主義就想到領土擴張和武力征服。中國的狀況這些特徵並不嚴重。以朝鮮為例，漢朝征服過，但後來覺得太遠，無法久佔，就撤軍了。宋朝也如此看越南。總的來說，中國歷代並不執著於疆域擴張。當然也有熱衷擴張的時期，比如元朝，更熱衷是清朝。但都是所謂的「征服王朝」，中國本身也臣服在一個異族統治的多民族大帝國之下。至於漢族統治的朝代，都覺得光是中國本土就夠他們治理了。明朝趕走了蒙古人，並沒想進一步去兼併蒙古。因此，不能說領土擴張是中國傳統的核心特徵。

郭：但還是有一種附庸國體系，在裡面中國還是唯我獨尊，對他國頤指氣使的。

余：這就是西方歷史學家所謂的「朝貢體系」，裡面有許多做法。原因是中國歷代都自以為「天朝」，是周邊各國應該承認的「天下」文明中心，承認方式就是定期來京，向皇帝行禮，進獻貢品，這樣就成了「朝貢國」。為了禮尚往來，朝廷回報的價值會大大超過貢品。中國一方面倚賴這種制度展現聲威，另一方面也在不表明需求的狀況下獲取「夷狄」產物。

只要用這種方式跟中國禮尚往來，包括十九世紀的大英帝國，都變成在向中國「朝貢」。這一套也曾經很顧中國面子地向塞外「胡人」買到和平，減少胡人的入侵頻次。在漢、宋兩代，匈奴與女真曾先後打著進貢的幌子來到京城，給個不進犯塞內的含糊承諾，就換到金山銀山的中華物產。

郭：朝貢國與附庸國有什麼差別？

余：有些「藩屬」像朝鮮和越南，跟中國關係比較密切的，把中華制度拿去複製，君主還從中原皇帝這邊拿到冊封。名義上有宗屬關係，卻保持獨立性。還有一種「藩屬」，包括以前生活在中原的「戎狄」，雖然依附稱臣，但依然維持自治，也保留自己的生活方式。漢朝時要求歸順的南匈奴就是如此。這些「屬國」開始納入中國統治其實是很久以後的事，要等到明朝。至於新疆，如今北京偽稱「自古以來是中國的一部分」，其實歷朝歷代都承認該地不屬於中華，也沒去設過郡縣。要等到十九世紀，才終於設「省」。

郭：這種「天朝世界秩序」如今還有殘留嗎？

余：我相信有。毛澤東幹嘛要抗美援朝？因為中國仍視朝鮮為附庸。直到今天，中國還在支持朝鮮。越南反抗中國統治有悠久歷史，它出兵柬埔寨（中國史上另一個朝貢國），終結了紅色高棉政權，導致鄧小平在一九七九年出兵，為了「給越南一個教訓」。中共依然當這些國家是附庸。看看緬甸，軍政府根本完全仰賴北京。

郭：現在有個說法，大一統使中國免於戰亂，所以中國永遠需要強大統一的中央集權。

余：大一統有避免戰亂嗎？答案因學者而異。我想指出，大一統的願望是源遠流長，其追求可上溯到秦始皇。這是中國政治思想一大傳統，可以解釋為什麼秦朝明明公認是「暴秦」，後世仍看重其功業。在歷史上分裂的時期，像南北朝有些國家還是外族統治，大家都以為早晚還是要統一。認定統一是好事，是必然會發生，這種意識來自大家對「五經」的崇敬，來自共享的知識，來自「天下本一家」。我還真不知中國過去有哪位思想家是擁護分裂的。

話雖如此，中國仍然經歷過好幾次的分裂時期，宋與金就是南北分治。分裂也為中國帶來多方面的蓬勃發展。然而，大家還是認為分裂是反常。

我個人就對三國時期很感興趣。那是西元第三、四世紀，當時中國文化鼎盛，人才輩出。因此，分裂並不總是壞事！

這種一味要求統一穩定的思想，當然會比較看重那些經濟文化有蒙受統一之利的昇平時代。但是，大一統之下，中國也是有付出莫大代價的：文化喪失多元，學術減少激盪，制度拘於一格，思想無法自由。中國把自己鎖進單一模式。

郭：習近平總說中國人的血脈中沒有稱王稱霸、窮兵黷武的基因。他說，歷史把中國人造就成一個熱愛和平的民族，中國過去從來沒有侵略、欺負他人。

余：荒唐。我說中國不熱衷於領土擴張，但這不代表中國不曾出兵去懲罰鄰國。苗族、瑤族這些華南原住民，中國都是武力逼他們順服的。中國擁有可觀的軍力，不限於自衛，也攻擊過周圍所有國家。想想越南，他們對中國的國仇家恨是打從西元前一世紀就開始的。

我相信，那套胡說八道只是為了遮掩中國在西藏、新疆的極權鐵腕，還有對台灣的武力恫嚇，還有在香港，在南中國海等地那些作風。

要追尋中國極權主義的起源，不必看中國歷史，而要往現代西方傳統去找，也就是蘇維埃。北京想要取代美國，想成為世界第一，想把本身的專制變成其他國家也能通行的政治模式。但我相信成功機會很渺茫。

郭：中華帝國終結了嗎？

余：一定會的。習近平最好認清這一點，回到以前統治者的謹慎斟酌。共產黨還沒上台前，總說人民是越壓迫就越反抗。這是再儒家不過的理念，當年對他們來說相當有用。他們如果現在還想得起來，還是可以自求多福的。

【編按】

原刊於法國《新觀察家》特刊（*Les Hors-série de L'OBS*）第一〇五期，二〇二〇年九月出刊。採訪時間是二〇一九年九月，地點在余宅，分三天進行。

採訪者郭玉原為《新觀察家》長期駐華記者，因為批評北京的新疆政策，遭外交部點名抨擊，並在二〇一五年底被迫離境。

展望香港的前景

——答某媒體八問

余：上月初承寄下有關香港前景的八個問題，十分感謝。我在香港先後住了八年（一九五〇—五五；七三—七五），一直覺得是我的故鄉之一。對於香港今天所面臨的危機，我不但關懷而且憂慮。我之所以在一個多月以後才試圖答覆這些問題，是因為當時香港的情勢還在變動之中，趨向沒有完全確定下來。現在香港、大陸和國際的種種反響已大致清晰地呈現出來，讓我試說個人的反思，以供讀者參證。

問：自從爆發反修例運動後，香港政局持續不穩，近日，北京更在沒諮詢港人情況下，通過港區《國安法》，聲稱防止香港成為顛覆政權的基地，教育有機會被重點整頓；政府公共圖書館已經率先審查政治書籍，你認為這將對香港的學術自由構成什麼影響？

余：北京這次將《國安法》強加在香港地區，確是一件破天荒的大事，其影響所及，決不限於學術或思想的自由，我要正式指出：這是中共決定將香港納入它的極權體制之中；從此開始，中共將一步一步地把香港轉化為一個內地的城市。我們都記得，最初在中英談判中，鄧小平曾有「香港五十年不變」的公開承諾。基於這一承諾，雙方才達成了所謂「一國兩制」的協議，即在五十年內香港仍然可以保持它原有的自由生活方式。現在不過二十三年（一九九七—二〇二〇），中共便悍然背棄承諾，片面將「一國兩制」改為「一國一制」，而且完全沒有通過任何方式讓香港居民表達他們的意向。很明顯地，作為世界上最自由的城市之一，香港已到了生死存亡的關頭。所以香港所面臨的危機是全面性的，局部的得失尚在其次。港人似乎已直覺地感受到這一點，否則我們便無法了解：為什麼他們為了反修例運動，竟一而再、再而三地傾城出動，遊行抗議。

問：過去幾年，香港各大專院校都捲入政治漩渦，學生在民主牆發表「香港獨立」的政見被批評；在反修例運動中，中大及理大更慘成「戰場」，年輕抗爭者與警隊爆發激烈衝突，不少莘莘學子被捕；惟大學管理層往往被批評，對被捕學生支援不足外，甚至在近年連串政治事件中，大學校長都表態支持當局，《國安法》亦不例外，你認為大學及校長這種處理方法是否恰當？

余：最近兩、三年香港各大專學校的學生們，為了爭取民主、自由、人權、獨立所進行的巨大努力，已獲得西方許多國家的敬佩和重視。自由世界的共同認識是：無論實際效果如何，這樣的努力都是值得堅持下去的。至於大學管理層對於被捕學生的支援不足和大學校長都表態支持《國安法》，我當然也感到十分失望和遺憾，但是卻一點也不驚訝。

今天香港當局基本上已一切聽命於北京，完全沒有獨立自主的權力。大學校長的聘任和管理層的構成都必須事先得到中共的認可。在這一教育體制下，不可能出現蔡元培、胡適、傅斯年一型的大學校長。目前香港大學校長都是應聘而來的，基本業務是保證學校的運作，其中並不包括領導精神世界的發展，一般而言，香港社會也沒有這樣的要求。這和五四運動前後中國人對於大學校長的期待截然不同。所以，就香港的觀察而言，我們與其將希望寄託在大學的行政部門，毋寧創建一種文化氛圍，讓以天下是非為己任的現代知識人能夠不斷出現。對於香港的前景來說，沒有比這件事更重要的了。

問：今年，中學文憑試有一道試題引述資料，問學生是否同意「一九〇〇—四五年間，日本為中國帶來的利多於弊」，引來教育局官員批評，指試題答案只有弊無利，沒有討論空間，結果相關題目在考試結束後，史無前例地被取消。從歷史老師角度，這條題目是否真的沒有討論空間？學生可以有什麼回答方向？

余：「一九〇〇—四五年間，日本為中國帶來的利多於弊」，作為中學文憑的一個試題，是很正常的。這是一個歷史論斷，考生可以同意，也可以不同意。但無論同意與否，他們都必須列舉可靠的史料，予以論證。教育局官員也許是出於反日情緒的激動，明顯地誤解了它的涵義。這一論斷是說：一九〇〇—四五期間，日本一直在侵略中國，最後更發動了征服中國的戰爭（一九三七—四五）。但在同一期間，中國也因此而得到不少有「利」的發展，比侵略所帶來的「弊」更大。我們都記得一九七二年日本田中角榮首相去北京會見毛澤東時，首先為日本侵略深表歉意。當時毛的答覆是：「我們感謝日本『皇軍』侵華，使得中國的革命得以完成。」。這一對答恰好對上述論斷提供了具體的例證。所以這一論斷完全沒有肯定日本侵華的意思。教育局官員誤以為試題是讚揚日本侵華，所以說「答案只有弊無利，沒有討論的空間。」從這句話中，官員們暴露出他們完全不懂歷史學的性質，作為歷史試題，無論內容如何，都是必須通過論證才能提出答案的。因此「討論的空間」是絕不可少的。這些官員對於上述的試題並未進行過任何研究，怎麼竟敢大膽地說「答案只有弊無利」，而且「沒有討論的空間」？難道他們僅僅靠著「官方」的身分便可以對任何問題提出最有權威的答案嗎？這是只有在極權國家才能發生的事。上引的那句話同時又暴露出官員們連歷史常識也沒有。上述試題不過印證中國的古老觀念，即所謂「多難興邦」，或如孟子所說：「無敵國外患者，國恒亡。」這在中國是流傳得最廣的觀念之一。

問：承上題，現在香港左派老師經常引用錢穆先生於《國史大綱》中「一國之民對國家的歷史與文化，要有溫情及敬意」這一句話來支持教育局的決定。我們應該如何理解錢穆先生這句說話？學歷史應否與民族、愛國主義連結起來？

余：今天香港左派教師常用錢穆先生《國史大綱》中關於對「歷史與文化」要抱有「溫情及敬意」這句話，來支持教育局有關「愛國」的「決定」。這一情況使我十分驚訝而且啼笑皆非。我必須向香港讀者報告下面的事實：一九四〇年《國史大綱》出版，很受知識界推重，只有中共提出最嚴厲的批評。當時中共作家胡繩寫了一篇極長的書評，集中火力，攻擊其中「溫情與敬意」之說。他根據歷史唯物論，認為秦漢以下兩千多年中國都在「封建」體制的宰制之下，只應該受到譴責，不應該有「溫情與敬意」。中共對《國史大綱》的敵視一直未變，一九五九年還在官方的刊物上大加批判，傳布海內外。當年錢先生在五月二十四日給我的一封信中，也特別提到此事，並且說：「此事無可計較，只有置之不問不聞而已。」

今天左派要幫香港教育局吹捧中共政權，竟把它和中國文化傳統混為一談。這是有計畫地誤導青年學生，其心可誅。《國史大綱》是抗戰時期的歷史教科書，其中含有民族主義的情感是很自然的。但錢先生並未誇張民族情緒，所以《國史大綱》又在〈引論〉中指出研究歷史「仍當於客觀中求實證，通覽全史而覓取其動態。」所謂「客觀」主要是指證據。治史必須盡量廣泛地搜尋證據（包括人證、物證、文字之證等），然後通過詳細研究而得出結論。但結論是可以修改的，一旦有新證據出現，隨應重新研究。研究歷史必須向一切觀點開放，「民族、愛國主義」是其中之一，但不能獨佔史學的研究。

問：港英時代會如何處理歷史議題呢？對於歷史教育，例如教學方法、教科書的編寫等會否主動干預？

余：據我所知，港英時代的教育司署僅提供歷史教科書的指引（如時代、地區等），但決不干涉編寫內容。當時編書工作是自由開放的，由書局約人撰寫，出版後由各學校自由選用。那是一個私人競爭的書市。在六十年代，有一家書局（人人書局）聘請錢穆先生為「總校訂」，由新亞歷史系教師（都是錢先生的弟子）分頭編寫。他們先列出綱要，與錢先生商議，並得到他的認可，然後兩三人開始撰寫每一冊課本。他們之間詳細考辨書中問題，書店和教育司署都完全不干涉。遇有困難不易決定的問題，最後還求之錢先生。當時香港是英國殖民地，但英人決不因此過問教科書對殖民當局的態度。所以像鴉片戰爭這樣敏感的題目，教育司署中人也完全不加干預。

問：很多人認為香港從前是殖民地，港人沒有家國情懷，所以要推行「國民教育」以增強愛國意識。余教授任職新亞書院院長時，正值香港「火紅年代」，當時沒有由上而下的愛國教育，但許多學生仍然會主動「認中關社」（編按：認識祖國，關心社會），你認為是什麼原因驅使現在的香港年輕人不再「愛國」呢？推出一個由上而下制定的「愛國教育」是否足以彌補？

余：香港七、八十年代青年學生民族文化意識的興起，確是我親眼目睹的事。這在當時是一個很自然的趨勢，那是所謂「改革」和「開放」的時代，大陸上青年學生正在追求「人文精神」和現代普世價值。香港青年和大陸青年接觸越來越多，明確意識到自已還在帝國主義的殖民統治之下，他們獨立自主的精神很快覺醒了，決不甘心自已仍是「殖民地的子民」。他們轉而認同中國並關懷香港社會（認中關社）是順理成章的一種發展。但你們在問題中斷定「現在的香港年輕人不再『愛國』」，我認為這一斷定是完全錯誤的。最近兩年多以來，香港從「雨傘」到「反送中」等運動都引出幾十萬到幾百萬人的遊行抗議，其中青年學生扮演了中心角色。其實這便是港英時代「認中關社」精神的再現。你們問題中的「愛國」一詞是含糊不清的。教育局所倡導的「愛國」是「愛中共政權」，這和歷史上相傳不斷的國家——我們通常稱之為「中國」，完全是不同的對象。今天中共政權正在用《國安法》來毀滅香港作為一個自由獨立的社會。如果中共政權竟以「中國」自居，我相信絕大多數的香港居民是無法接受的。今天香港年輕學生只是不愛中共政權，但是他們仍然愛中國，並為一個民主、自由、法制、人權的中國而奮鬥。

問：上世紀中國政局動盪，許多知識分子幸能來到香港，這片尚存的自由空間，才得以安身立命：隨著中美關係急轉直下，過去中西文化交會的香港，如今左右為難，加上北京不斷加強對香港的管治，你預視香港的獨特地位會否逐漸消失？

答：北京違背了當初「一國兩制」的承諾，單方面為香港制訂一種所謂《國安法》，直接干預香港的管治。這對於香港原有的獨立自主地位當然會發生重大的負面影響。中共的目標很明確：將一個充滿著自由空間的城市變成和國內所有城市一樣，一切大大小小的事務都由共產黨「一黨專政」作最後決定。因此無論是從理論上或法律上說，香港的前景都是很不樂觀的。

但是我不相信中共的如意算盤真能順利地展開。我願意舉出兩個理由：第一，香港自十九世紀中葉開埠以來，正因為它是一個貿易自由的殖民地，早就發展出一套自由的社會結構和生活方式。一九四九以後的大變動，引來大批的內地人士，在香港尋求生存的自由，這一自由的社會結構和生活方式更得到極大的強化和深化。這決不是政治暴力所能輕易摧毀的。第二，香港居民和大陸上的中國人不同，他們一直生活在一種自由文化之中，而且為了保衛自由不惜進行激烈而長期的反抗。這兩年來他們傾城而起的許多表現已充分地證實了這一點，便不需多說了。所以從上述兩方面來看，中共在香港摧毀「一國兩制」的企圖決不容易得心應手。當然，香港人的抗拒在此有關鍵性的作用。

問：教授曾經警告台灣人，切忌為賺錢而在政治妥協，否則只會變成「第二個香港」。現在看來，你認為香港還有希望爭取到民主嗎？教授有什麼話想對香港人，特別是年輕人講嗎？

答：為香港爭取民主當然是很困難的一件大事，然而並非不可能的。我最後要指出最重要的一點：今天恰恰是為香港爭取民主的最好時機！

香港的民主運動引起了大陸上強烈的民主要求，而這些要求主要都是黨內外重要人士發動的。例如今年八月中央黨校女教授蔡霞發表言論，批評中共強推《港區國安法》，「強暴香港人民」。她因此被開除黨籍，並取消退休待遇。七月間清華大學教授許章潤公開寫文章，譴責習近平取消國家主席任期制，以及其他措施，竟遭警方以「嫖娼」拘捕，清華大學也以此革除其教職。這事傳布全世界，轟動一時。更令人注意的例子是中共紅二代任志強，曾任國企董事長。他首先指出武漢疫情蔓延是中共體制造成的。他說：「人民的生命被病毒和體制的重病共同傷害。」他更進一步批評習近平是「渴望權力的小丑」。由於他在黨內地位高，他的影響力也特別大。這裡舉了二、三例，足以顯示大陸上民主呼聲的緊迫。這和香港的民主運動恰好互相刺激。

最後，我要強調：國際形勢對今天香港爭民主也是最有利的時機。最近由於香港一再傾城而出，遊行抗爭，再加上武漢病毒傳到世界各地，中共的「一黨專政」已引起國際社會的普遍攻擊。《紐約時報》一年多以來不斷報導：在西方許多國家中出現了一個越來越響亮的聲音，認為中共的一黨專政不僅為中國之害，而且其惡劣作用還向全世界擴散。尤以下面兩點最為國際社會重視：

第一，武漢病毒的消息之所以未能及早傳布，警告其他地區，最後病毒竟從中國傳到世界各國，確診人數高達三千萬以上，死亡幾達百萬，正是由於一黨專政體制下的官僚作風造成的。

第二，中共政權專門聯合並支持其他極權或專制國家，如北韓、伊朗，製造出一個與民主自由國家為敵的國際集團（有如二戰後的蘇聯或二戰前的納粹德意志），這更是直接對整個世界的危害。因此今天國際上有一個強烈的要求，即如何使中國脫離一黨專政的統治。持此論者明白表示：他們視之為敵的決不是中國和中國人民，而僅僅是中共的專制政權。《紐約時報》最近的國際評論，對此報導甚多，其中尤以美國現任國務蓬佩奧的言論最為鋒銳。

這一國際論斷其實只是傳達了一個信息：崇尚自由的國際社會期待並支持中國走上民主化的道路。所以我特別強調今天正是香港爭取民主的最好時機！

【編按】

二〇二〇年六月三十日，北京人大常委表決通過《香港國安法》，晚上十一點由香港特首林鄭月娥公布全文，法案立即生效。余英時接到香港某媒體傳真，問可否受訪，余回信請對方把問題傳來。記者旋在七月七日傳去八個問題，復在八月四日去信詢問是否已可作答。余英時的回信日期是九月十八日，文章之前有短信如下：

所問八題已全部答覆。因一再修訂，遲至今天才能傳上。我認為你們的八個問題應該同時排印出來，使讀者可以完全理解。我雖為貴刊問題花了許多時間，但你們如果覺得不合用，請即棄之字紙桶中，我決不介意，不過請告訴我一聲，我可以留作他用。我是因為香港是我的一個故鄉，才為此全心全力完成此文。

如排用，請最後傳真讓我校訂最後一次。請收到後回信。

我跟陳淑平說有本書的構想，她說剛好在余英時抽屜找到此文可以給我，但要先問採訪者同意。她照傳真信上的手機號碼打過去，對方答沒問題，只是不能揭露媒體與記者身分。

六四之後

合久必分：中國的出路

訪談◎金　鐘

金：幾年前您特別強調中國大陸的「漸變」，六四之後，您似乎表示了對中共體制內演變的失望和悲觀。

余：因為中共體制已失去認同性。中共的極權體制因十年改革造成許多混亂之後，尤其是貪汙、腐敗，使黨的控制力量減弱了，甚至可能走向癱瘓。體制內變還是體制外變？是一個很模糊的概念。它不是一個很清楚的體制，體制在變化中。但從發展看來又不像有革命的可能，很可能的是體制外與體制內的混合變化。

金：我們是不是低估了中共的控制能力？

余：現在中共是強人政治：鄧小平與陳雲。當強人沒有了後，中央的權威越來越小，總有一天，中央政治局的命令出不了北京城。在北京城能否貫徹都是問題。換言之，地方和軍隊的勢力會慢慢大起來，它們不聽話，但不鬧革命，關起門來做皇帝，追求個別的地方性的利益。中共通常的控制方法是通過組織，城市深入到居委會，農村深入到生產隊，但文革之後，那一套不靈了，失效了，但你要他下台，他殺你的力量還是有的。社會控制力量不行了，但政治控制力量還在。

金：您曾多次批評過中共實行的不是馬克思主義，而是「傳統中的壞東西」。那麼，在中共遇到這麼多的挫敗之後，它有無可能調整策略實行一個溫和的人性的馬克思主義？

余：這種可能性現在看來不大，任何形式的國家操縱的經濟體制，都不會成功，只有走市場經濟之路，自由競爭，開放市場。國家可以有某些干預，但不能過分。走溫和馬列主義路線是做不到的，因為馬列主義不可能溫和。自從東歐崩潰和蘇聯面臨巨大困難之後，馬克思主義已變成了一個笑話，一個不能實現的、寄託知識分子正義感的烏托邦。

金：共產主義似乎對中國知識分子造成比東歐更大的迷惑，這是為什麼？

余：那是因為中國士大夫傳統有輕視商人，輕視工商階層的心理傾向，把私人發大財看作壞事。共產黨就是利用這種觀念使知識分子認為共產主義比資本主義好，其實，他們兩個主義都不了解。「一邊社會主義，一邊資本主義」的說法，是不對的，是廢話。所謂「資本主義」是一個自由的體制，只是經濟運作上的方式，整個社會的構成還有歐洲幾千年的傳統文化、藝術、倫理和宗教、種族等等，而這些同資本主義本身沒有關係。社會主義在哪個國家都是最大的失敗，蘇聯搞了七十多年比誰都失敗得厲害。「社會主義」現在就意味著：一個黨，一個最大的唯一的資本家和地主，自然資源、生產資料被它全部控制。絕不是甚麼「各盡所能、各取所值」。

金：您認為中共在大陸的控制有何特點？

余：它要獨佔一切。義大利馬克思主義者葛蘭西所謂的公民社會，即政治以外的力量，包括家庭的、學校的、宗教的、輿論的力量，中共都不准存在，它四十年最大的成就就是摧毀中國傳統的公民社會，而公民社會的基礎是私有制，中共用階級制度取代了私有制。

金：您認為中國公民社會被破壞後實行民主制度的條件如何？

余：我們所羨慕的民主，是英美的、法國的民主，是西方的特產，其他民族是很難學到的。即使日本，它有中產階級，有民主的形式，但實質上是金權政治，完全是財閥在背後操縱，不是西方式的民主。不要以為把英美民主加以改造就成為理想的民主，可以在中國實現。今天的台灣開放黨禁，但反對黨的意識形態，還是相當獨斷的。實際上，還沒有一個非西方國家學到了英美式的議會民主。因為文化背景差得太大。

金：西方民主的文化背景是甚麼？

余：西方民主是一定的歷史背景造成的。西方社會存在多元的力量，在長期封建社會中，城

1 編註：訪談進行時，改革開放因為六四已停滯兩年，中國經濟陷入困境，「姓社姓資」辯論正烈。辯論以一九九二年二月發表的鄧小平南巡講話告終，確定了中國要走社會主義市場經濟路線。一九九二年七月號《百姓》，余英時回應許家屯六月剛發表的長文〈試論和平演進〉，進一步闡述為何社會主義與資本主義在中國不可能真的並行。他的看法是，只要共產黨繼續專政，私有財產一定隨時可收歸集體所有。此文收在三民版《歷史人物與文化危機》一書。

市要求獨立，領主、王室、教會都要求自己的權利，各種力量的鬥爭與討價中，發展出他們叫做民主的社會秩序。中國社會則從來不是那樣的多元鬥爭和討價還價。因此，在中國實行西方式民主，我看不現實。

金：那麼，是不是可以有中國式的民主？

余：可以有這樣基本的民主：以民意決定哪一黨上台，哪一黨下台，但黨的運作方法，投票方式能否符合英美標準，還是很大問題。國民黨也搞過一黨專政，不過，它的好處是沒有摧毀中國原有公民社會的基礎。在這個基礎上，經濟發展了，就可以擴大政治參與，結束一黨獨大。這種程度的民主是可以做到的。

金：是不是經濟對民主仍有決定的影響？

余：中產階級與民主發展的關係是不能否認的。中產階級成為社會的重要支柱時，他們一定要求法律保障其利益，要求政治上的民主。政府稅收要他們支持，就不會壓制他們，把自己放在絕對地位。這是國民黨不同於共產黨的地方。

金：中國社會還沒有發展到那種程度時，是否需要某種權威主義？甚至忍受共產黨的專制？

余：在這個過渡時期，會有權威，沒有權威就會大混亂，任何秩序都維持不了。如果共產黨一旦沒有了，又沒有新的力量出現，以大陸人性被扭曲了四十年之後來看，可能會出現比東歐更黑暗的局面。最可怕的是中國人變質了，人的素質之低是全世界很難找到的。但共產黨也會變。我們促其變，我們不會容忍它，我們每個人做的事，有意無意都在挖它的牆腳，他們的幹部貪汙腐敗，也是自挖牆腳。各地反對力量會成長起來。它的崩潰和癱瘓是必然的。

金：最近，我的朋友們合作出版了一部政治幻想小說《黃禍》。引人思考的是中國巨大的人口壓力，現在有些人把人口問題看得比政治問題還嚴重。

余：人口問題是很嚴重，中國歷史上所有的農民革命都可說是「飢民造反」，沒有飯吃。每次造反，動輒殺人幾百萬，就是因為人口壓力，黃巢也罷、太平天國也罷、李自成、張獻忠也罷，都是人口太多沒飯吃，便大亂一場。說黃巢殺人八百萬，數字是不精確的，但人口壓力減輕了，社會也就平靜了一陣子了。今天處於現代文明社會，解決人口壓力當然不能用古代的辦法，最好是大量的工業化，讓農村人口轉移出來。所謂現代化，農業人口比重是重要標誌，美國佔百分之十五、台灣百分之三十多，中國佔百分之七、八十，不改變，民主就談不上。

金：人口壓力會否導致平均主義？我們看到這是共產黨治國的一個基本理念，影響改革至大。

余：共產黨確是搞了幾十年的平均主義，造成人人學綠林好漢那樣「一字並肩王」[2]，見人

2 編註：戲曲小說用語，與皇帝並肩的一字王，如齊王、韓王。

家好就眼紅，就要幹掉你。假若分成若干小國，或地方割據後，盲流就流不出去。否則盲流似蝗蟲一般地鋪天蓋地來，哪個地方也受不了，我看以後各省市也會防止大規模人口流動。

金：六四事件過去兩年了，人人期望的大陸變化沒有發生，反而好像還若無其事一般。其實，一九五六年以後，中共就一直反潮流，處變不驚，倒行逆施。這使人想起《河殤》的歷史觀：中國社會的「超穩定系統」。究竟是一種什麼神祕的歷史力量在支配中國社會呢？實在令人費解。

余：這個問題很複雜。所謂「超穩定系統」，是一個很空洞的說法。中國社會所以是分散的小農經濟，就是因為它不封建，封建社會必須具備尖銳的、各方勢力的等級特徵，要有特殊身分的貴族，中國自唐宋以後，就是平鋪的散漫的小農社會，原封不動、代代相傳、不圖改變。海洋經濟的發展是近百年的事。在此之前，王朝變更，天高皇帝遠，政治控制只到縣一級，下面是人民自治，靠宗法關係維持。中國太大，相當於一個歐洲，動一下很不容易，不像歐洲小國動輒風起雲湧。中國、北韓不同於東歐殖民地共產主義，他們把原來社會系統徹底打掉，黨組織伸展到每個角落，人民動彈不得。所以說，這個制度是自己找來的，不是別人強加的，改變它不容易。這是它的穩定性。

金：這是不是已造成一種歷史的巨大慣性？

余：中國的發展有很大的歷史局限性。這麼大個國家，想整個翻個身，不得了，你翻不起的。中國今天這麼慘，就是因為二十世紀不斷革命，把中國害到極點。就讓北洋軍閥那樣混下去就好了，不說共產黨革命不該要，國民黨革命也不該要。革命會給那些社會「邊緣人」提供鋌而走險的機會，一旦出頭，就會凶狠地排除威脅他的力量，但一統天下時間一久，包袱就會越背越重。這個包袱今天誰也不會要。

金：國民黨會要嗎？

余：絕不會要，國民黨能應付十億以上的飢民嗎？我一九七八年跟美國一個考察團去敦煌，從西安到甘肅，一路上看到還是幾千年前的狀況，非常原始，一點進步也沒有，我們在洛陽鄉下看到農民光著身子趴在地上幹活，哪有一點現代氣息！

金：中國為甚麼這樣難走上現代道路？

余：原因並不簡單。本世紀初，中國遇到西方勢力的衝擊，社會開始大變動，知識分子思想趨向激化，要求平等、徹底反帝，便選擇了共產主義。陳獨秀、李大釗、瞿秋白都是高級知識分子。但是他們一個個都垮台了，只有流氓式的人物才能成功。只有這種人才具有邊緣人的心態：無所顧忌、無法無天、肆無忌憚，任何社會價值觀都不尊重。君子一定鬥不過這種小人，就像項羽同劉邦鬥一樣。項羽是楚國貴族，有所不為，劉邦則無所不為，別人要烹他父親，他可以毫不動容，還要分一杯羹。歷史上劉邦、朱元璋這樣流氓式的人物才可以打天下得政權，毛澤東就是這樣的人。所以，中國並不存在「超穩定系統」。如果說有穩定性的話，那是來自精神力量。中國人有一套做人的方式，對人忠厚、與鄰共財、族親會等社團有如小型基金會一樣可以調節貧富。

金：鄧小平有沒有繼承毛的流氓性？

余：當然是。共產黨掌大權的人一定要有兩大特色，一是狠、一是痞。毛說他自己一方面是虎氣，一方面是猴氣。他有自知之明。鄧小平為了要復出，什麼話都可以說：永不翻案。掌了權，照翻案不誤，你奈他何？這就是痞。占上風時，打人毫不手軟，絕無道德可言。

金：中國這種政治文化是源遠流長的嗎？

余：沒有。共產黨掌權後才興起的，他們的後代也不可能繼承，因為政治痞子的背景沒有了，他們只能做養尊處優的紈絝子弟，他們狠不了，也痞不徹底。他們不是邊緣人。

金：現在中共這批老人死了後會有多大變化？

余：會有決定性變化。鄧小平死了後，會比毛澤東死了後的變化還大，因為他是最後的強人，強人在一個封閉社會中有強大的威懾力量和心理作用。

金：那麼這個世紀，我們還有好戲看了。

余：可能比一九九七還早。鄧小平怎麼也活不到下個世紀，大家等著看吧！

金：普林斯頓現在成了中國流亡者的一個中心，有人笑說您是他們的「教父」，他們的狀況如何？

余：我不教他們，只協助入學挑選，一位女士負責他們的生活。他們有二十多位在普林斯頓，經過一兩年的進修，他們都能看清很多問題。今後有無希望，還要看他們自己。他們可以完全自由地看東西、寫作、學英文。我只想利用這兩三年，讓他們過渡，然後各奔前程。他們也知道，美國不可能有誰老養著你。我們當初的目的，也就是讓他們適應一下環境，不超過三年。明年結束。

金：經費方面還可以支持下去嗎？

余：每年需要五十萬美元才能養得起他們，已經用了一百多萬元，第三年正在找錢。

金：是不是有人想回中國去？

余：我希望將來他們每個人都回去。

金：他們對八九民運有無令人滿意的檢討？

余：他們自己有檢討。我對他們說，你們不用檢討了。事件並不是你們做主，開始很小，後來一步步升級，誰也控制不了，後悔沒有用。他們看到殺了人了，就反省自己是否走過頭了，但何時妥協最好？妥協了可能又有人後悔。那場運動並不像兩個人下棋，你走一步，我走一步，而是大家都插手，棋盤是亂的。事件對中國本身沒起到作用，但對東歐起了間接的作用，尤其是德國。

金：不過，運動的後果還是令人遺憾，十年改革開倒車，菁英們風流雲散了。

余：我想，他們那批人還是相當膚淺，思想深度還談不上，對民主理念還很缺乏理解。現在多讀點書會有進步。

金：我們感到像柴玲他們對現代民主的理解，實在太簡單了。

余：小孩子嘛，什麼都不懂，光憑一點熱情，喊口號有甚麼用？如果他們當時成功了，掌權了，不就是另外一批共產黨？因為他們是共產黨教育的，接受的是共產黨的文化，辦事的方法還是共產黨的，能獨裁就獨裁，思想方法也是那樣。所以，這次挫折不是壞事情。讓他們有機會好好研究一下現代民主。

金：我記得您在《聯合報》一篇文章說，中國還有更大的悲劇[3]。也聽大陸出來的人講，中國恐怕還要許多次六四，才會有希望。但很多人不願看到一場大流血。

余：流血不是我們的希望。共產黨聰明的話就和平演變，體面下台。否則暴力演變，強制下台。選擇在共產黨本身。

金：暴力演變是不是又會以暴易暴？

余：當然會。我看最好的辦法還是分裂，中央垮掉或實行虛君制，各地自治，陽奉陰違，讓大一統成為有名無實的東西。只有出現可以抗衡的地方勢力，才談得上統一，否則大小差別太大，那不叫統一。

金：中國的大一統觀念太可怕了，不僅當權者奉行，老百姓也一樣奉為神聖。

余：從中國歷史看，分裂時間比統一時間多得多。秦漢統一不過四百年，魏晉南北朝就分裂了三百年；唐朝統一兩百多年，五代又分裂了，宋朝根本就沒有統一過，有金、有遼，三個政權，蒙古倒是統一了，元明清三個統一王朝，但元清是外族鐵騎下的統一。

金：現在「分久必合」幾乎成了兩岸關係的口頭禪。

余：我們是講大陸本身，台灣是額外的，台灣入中國版圖是康熙之後的事，台灣與中國談不上「分」，我們談的是中國大陸領土之內即四海之內，是「合久必分」的時候了。

金：二十世紀給中國人實在沒有留下令人珍惜的東西，余教授，您看二十一世紀會給中國人帶來好運嗎？

余：我只想說二十世紀剩餘的時間，中國能收拾殘局，就很幸運了。二十世紀給中國的破壞實在太厲害，共產主義製造的災難，比如一個「文革」，就大大超過了歷史學家的想像。

3 編註：〈全面「異化」的一年〉，發表於一九九〇年六月三日，後來收入三民版《民主與兩岸動向》一書。

【編按】

本文原刊一九九一年七月香港《開放》雜誌，原題即〈合久必分：中國的出路〉。亦有收入金鐘《批判中國》一書，標題〈中國的演變與出路〉。他是《開放》雜誌創辦人兼總編輯。訪談時間是一九九一年六月二十七日，地點在香港富麗華酒店。

余英時另在一九九五年發表〈中國史上政治分合的基本動力〉一文，闡釋他對「天下大勢，分久必合，合久必分」的完整看法。他認為這十二字是很膚淺的觀察，事實上「分」與「合」都需要文化與經濟上的長久醞釀。元與清則是被外族征服，所以將中國帶上專制的高峰。此文收入三民版《歷史人物與文化危機》。同一本書另有〈合久必分，話三國大勢〉一文，文末盛讚大一統解體帶來的思想解放。

余英時這次訪談比李登輝飽受抨擊的「七塊論」早了八年。也比李登輝靈感來源的王文山《和平七雄論》早了五年。

一位母親的來信

——民主、天安門與兩岸關係

自一九八七年以來，海峽兩岸的中國都進入了一個迅速轉變的階段，其基本動力則來自社會上醞釀著民主參政的要求。我們可以說，民主的理念在中國雖流行了一個世紀之久，但民主的社會實踐到這時才機緣漸熟。這和中國以及世界的歷史發展都有密切的關係，此處當然無法討論其中的曲折。

從這五、六年的事實演變來看，台灣已初步走上民主憲政的軌道，而民主運動在大陸卻遭遇到意外的挫折。這是不是證明中國大陸還沒有實踐民主的社會條件呢？其實不然。在前蘇聯和整個東歐的極權國家都已崩潰的今天，我們已清楚地看到：在這些地區代之而起的都是程度不同的民主體制。以前的看法，認為民主必須強大的中產階級出現以後才能開始，現在已完全不能適用了。我們又常常聽人說，中國大陸上百分之八十以上的人口仍是農民，他們的教育程度很低，因此根本不懂什麼是民主，也沒有要求民主、自由、人權的現代意識。

這話表面上似乎言之成理，然而也經不起分析。農民雖然不熟悉這些西方式的概念，但他們在生活上要自己做主，不肯永遠受黨幹部的蠻橫干涉，則與其他社會階層的人並無不同。兩百多年前美國的革命，其中一個最重要的原因便是農人不肯放棄「管理自己」的權利。而且一九八九年天安門和平抗議的人群中也曾出現過北京郊區農民的隊伍。因此，我決不相信大陸上知識分子所發動的民主運動僅僅代表城市中的少數。

民主是最平凡的一種政治制度，民主制度下的政治領袖也往往是很平凡的，偶然出現一兩位高瞻遠矚的人物反而是例外。民主制度也不能保證決策永遠正確，而毋寧是常常犯這樣或那樣的失誤。但民主是一種開放的制度，具有隨時隨地自我矯正的功能，因此從長期觀察，它帶給人民的災害比較是最輕微的。中國人在二十世紀一直嚮往民主，還有一層特殊的歷史背景，即民主可以使政權的轉移避開兩千年「以暴易暴」的惡性循環，人民不必再因王朝的興替而備嘗戰禍的痛苦。本世紀中國「一黨專政」的統治事實上仍是改朝換代的餘波。現在國民黨似乎已跳出了這一循環，如果大陸上也能突破「一黨專政」的格局，豈非是中國歷史的一大轉機？正是由於這一期待，我才在這五、六年中寫下了一些有關時事的議論。

今天海峽兩岸的政治情勢差不多同時從動盪轉入比較平穩的階段，儘管暗潮並未止息。我自己對於時事的評論也將暫時告一段落。我回顧這五、六年來兩岸中國的巨變，面對著當前波譎雲詭的世局，心中不免激起深切的感慨。因此我決心寫一篇短文以結束個人這一段意外的時論生涯。下面我要談三個問題：第一是台灣的民主化，第二是天安門的悲劇，第三是兩岸關係。其中關於天安門的一節寫來最為沉痛，因為我在四年之後才發現，天安門前竟有一片血跡是和我身上的血來自同一的源頭。

一九八七年國民政府正式解除戒嚴令，一九八八年蔣經國逝世——蔣經國在逝世前毅然決定解嚴並開放黨禁和報禁是他個人永留史冊的一件大事，而他的逝世則標誌著國民黨「強人」時代的終結。蔣先生「出師未捷身先死」誠然是最值得惋惜的，台灣的民主過渡因此而陷於失序。但五年多以來，我們不能不承認，過渡還算是相當平穩，「群龍無首」所造成的初期亂象並不足以使人過分驚詫。

如果說今天台灣的民主進程有什麼值得令人憂慮的地方，那也許便是理想主義精神的稀薄。民主作為一種政治原則，它的精義不僅在於少數服從多數，而且更在於多數尊重少數。民主作為一種生活方式，它所體現的價值是寬容、開放、多元、不趨極端、富於同情心等等。所以一個民主的社會往往也是一個最有人情味的社會。但今天台灣的政客，甚至高級知識分子則似乎把民主理解為人數的操縱，一切權位的爭奪都可通過簡單的多數而獲致。選舉大有成為解決一切問題的無上法門，甚至高等教育和研究機構也開始要以選舉來決定領導權誰屬了。我們無須譴責政客的趁火打劫，因為那是他們的本色。但高級知識分子的無識和譁眾取寵則不能說不是台灣的一大隱憂。正是由於民主變成了人數的操縱，才有人在「省籍」意識上刻意地煽風點火。如果真的有一天到了「火炎崑岡，玉石俱焚」的境地，政客們也許另有全身而退之道，但知識分子又將何以自處呢？

大陸的民主運動，如所周知，是以一九八九年六月四日的天安門屠殺告終的。在中國範圍內而言，天安門的民主運動顯然是徹底失敗了，但是以整個共產世界而言，天安門的壯舉發生了意想不到的連鎖反應，終於加速了東歐和蘇聯的崩潰。六四的鮮血並沒有白流。在六四屠殺之前，許多人也曾妄想鄧小平也許會步蔣經國的後塵，主動地打開政治民主化的大門。而事實卻適得其反。天安門屠殺不僅暴露了北京屠夫們的個人殘暴，更重要的，它使全世界人都親眼看清了中共政權的本質。

天安門屠殺在一夜間徹底改變了西方世界對中共的看法。六四以後，一向同情共產黨革命的美國知識界再也沒有人肯公開地說中共是代表「人民」、「無產階級」或「農民」的政權了。歐洲學術人士的反應更為強烈。一九九〇年九月我初訪瑞典，遇見不少來自西歐和北歐各國的史學家，雖然已事隔一年，他們提到北京的屠殺仍憤慨不已。最使我感動的是今年五、六月間我訪問法、德各大學，最後重到瑞典，不但沿途所遇見的歐洲學人對天安門的慘痛記憶絲毫未減，而且瑞典學術界的領袖還在籌劃著怎樣建立一個國際性的組織，以長期支援因六四屠殺而流亡在西方的中國知識分子。西方人道主義的傳統在歐洲比在美國似乎植根更為深厚。今年的六四我是在海德堡度過的，這一天，電視上一再轉播香港萬人燭光遊行的動人場面。這是歐洲人至今不忘六四的明證。與此形成鮮明對照的則是台灣的中國人對六四的冷漠。幾年以前，在台灣熱烈爭取民主的政客和知識分子今天大概正陶醉在自己新獲得的權力和聲勢之中；他們對大陸民主運動的挫敗已沒有關懷的興趣，對於流亡海外的大陸民運人士更無同情的餘暇。上面所說的理想主義精神的淡薄在此也得到進一步的證實。

和海外所有的電視觀眾一樣，天安門的屠殺雖然在我的心中留下了永不磨滅的悲慘印象，但畢竟還隔了一層，並無切身之痛。然而非常意外地，我現在才發現：在數以千計的天安門死難者之中竟包括了我自己的近親在內。我有一位至親，一九四五—四六我曾在她家住過一年，那時她才上小學。我們重逢是在一九七八年的北京，她已是幾個孩子的母親了。一九九二年初她給我寫了一封信，託人轉寄，但這封信一直最近才交到我的手中。我現在要把她信中的一段話引在這裡（信中的姓名以□□代替，為了不替她添麻煩）：

我的小兒子□□於八九年六月四日凌晨二點—三點之間被戒嚴部隊的槍彈擊中頭部，犧牲在天安門附近的南長街南口。據目擊者告訴我，他倒下時還用手比了一個「V」字，可恨的是當時有救護車趕到，部隊不准搶救，大約因為他是倒在長安街邊的緣故；以後他們又將在長安街上死去的人埋在二十八中學的牆外，我們一直找不到□□的蹤跡，直到八、九號他們又將埋的人挖出來，當時因□□穿了一套軍服（舊式的），他們以為是軍人，就沖洗乾淨，找了一個小醫院的太平間存放起來（大醫院的太平間都滿了），最後確定不是軍人，才通知我們去認（因為我們通知了學校，學校又報了公安局）。□□是個高中生，他當晚十一點半從家裡出去，他說一定要記錄下歷史的真實鏡頭，要伸張正義；結果尚未到天安門廣場便中彈倒下了，照相機也被部隊拿去。可恨

□□用生命換來的底片找不到了。

這是一個孩子的母親用血和淚寫成的關於天安門屠殺的一個鏡頭，任何註釋都是多餘的。四年以來，我讀了無數篇關於天安門屠殺的記載和評論，但這一切文字加起來也比不上這封短信給我的震動之大，哀痛之深。由母親親筆寫兒子在天安門被屠殺的經過，這是我所讀到的第一篇文字，也是迄今為止唯一的文字。信中還附了死者的一張照片和北京廣播電台轉播過的死者在高中一年級時所寫的一封公開信。從這封信中，我們知道死者生前和他的母親之間存在著一種非常慈愛而又互相了解的關係。他因此希望天下的父母也都能和子女成為朋友，這樣才能消弭代溝於無形。這明明是一個充滿著推己及人的愛心的好孩子，但這樣一個剛剛開始茁壯的幼苗卻活生生地為北京屠夫扼殺了。他中彈倒下去的時候竟「不准搶救」，我想不出世界上還有什麼野蠻的政權能做出這樣傷天害理的事。他死的時候只有十九歲吧。我已記不清一九七八年十月在北京時有沒有見過他，那時他才八歲，即使見過，印象也模糊了。照片上的他笑得很甜，透著清秀、聰慧和溫厚。難道這樣一個可愛的孩子竟是中共宣傳中所說的「挑起反革命動亂的暴徒」嗎？可惜我今天還不能發表他的姓名和遺像，但我相信這一天是會很快到來的。

我已說過，這位天安門死者母親的信是毋需註釋的。不過關於六四時北京各大醫院太平間已停滿了死難者的屍體這一點，我必須用另一位親戚的話來加以補充。這位親戚去年來美探親，恰好告訴我她親眼看到的六四屠殺的另一鏡頭。她是一位醫生，而且抗戰後便在北平加入了共產黨的地下組織，至今仍然是黨員。她說，她服務的地方是北京的一所很小的醫院，六四那天她的醫院中便抬進了好幾十個中彈的傷者。她和同事們曾全力加以搶救，但一個成功的例案也沒有。原來戒嚴部隊所射的都是「開花彈」，擊中的都在體內爆炸了，醫生們開刀之後，一個個都垂頭喪氣，束手無策。這是一個獨立來源的有關天安門屠殺的另一真實鏡頭，但恰好可以為上引的信添一個注腳。

六四已是四年前的往事了，然而北京親戚最近的來信卻給我新添了一層切膚之痛。天安門前已乾的血和我的體內尚在流動的血竟有一部分是同源的。這個十九歲的高中生為了「伸張正義」，為了「記錄下歷史的真實鏡頭」，獻出了他的寶貴生命。這將是我此生永不能忘懷的一個悲痛記憶。我不可能而且也不配對大陸的民主運動作出任何直接的貢獻，但是為了不能愧對這個孩子，為了不能讓這個孩子的血白流，至少至少，我必須也「記錄下歷史的真實鏡頭」。這個孩子只是數以千計的天安門前被屠殺中的一個，不用說，其他的許多死者也必然同樣會留下無數的記憶——在他們的親人和朋友的心裡，甚至在更多的不相識者的心裡。世界上沒有比記憶更偉大的力量，這個力量便是大陸民主運動的最後保證。古人說：「情由憶生，不憶故無情。」遙遠的歐洲人至今還記得天安門的屠殺，難道血濃於水的中國人，特別是在海外的，在台灣的，真能達到「太上忘情」的境界嗎？

最後，我想談談兩岸關係；此中關鍵則是中共政權的本質問題。海峽兩岸不可能長久斷絕往來，這是人人都承認的。而且十幾年來，兩岸之間在文化和經濟上早已發生千絲萬縷的交涉。所以真正的問題是兩岸關係在政治上究竟應當採取何種形式。在大陸一方面，中共的一貫立場是十分清楚的；它要求台灣的國民政府全面投降，自動降級為一個地方政府。其模式大體比照一九九七年後的香港，不過在此過渡期間稍稍寬大一點而已（如暫時尚可保留軍隊）。在台灣一方面，則有「統一」與「獨立」兩種方案的嚴重衝突。很顯然的，這個問題的討論一開始，台灣已先蒙內部分裂之害；而中共則始終保持一種高姿態，不曾鬆動過一絲一毫用武的威脅。更使人詫異的是有些台北「統派」或「獨派」的政客竟妄想利用中共來為自己造勢；他們紛紛到北京進行活動，意在取得中共官方的某種諒解。其結果則是更助長了中共的氣燄。三、四十年的隔絕，台灣新一代的人已完全看不清中共集團的「光棍」本質了。[1]一個冷酷的事實現在清楚擺在台灣的面前：在中共政權本質未變以前，無論是「統一」或「獨立」都是走不通的。「統一」即是投降，「獨立」則必招大禍。今天台灣流行一種觀點，以為中共決不敢動武，因此台灣儘可宣告「獨立」，造成既成事實。這是一般淺薄政客以自己的利害打算來測度中共的行為，而絲毫沒有考慮到此種行險僥倖之舉對台灣兩千多萬中國人所可能帶來的嚴重傷害。中共的最高原則是決不允許任何舉動足以動搖它在中國的統治地位。一九八九年六四以前，美國的「中國通」幾乎無一人相信中共敢以槍炮屠殺天安門前的學生和平民。但無情的事實已答覆了這個錯誤的判斷。台灣的「獨立」將立即波及到西藏、新疆、內蒙古，以至香港，影響之大將遠在當年天安門和平抗議之上。說中共對此會坐視不動，豈非天大的荒謬？

我以為，兩岸的文化和經濟的溝通不妨以審慎的方式逐步加強，但政治談判則目前決非其時。「統一」和「獨立」對台灣而言都是政治自殺。大陸和台灣不能永遠分離，這是毫無可疑，但正常的關係必須在大陸也開始民主化以後才能建立。台北的政客無論是「統派」或是「獨派」似乎都假定中共在大陸的極權統治已安如磐石，永無動搖的一天。我從歷史的長期發展所得到的觀察則與此恰恰相反。天安門以後的局面是中共政權的迴光返照，它正面臨著一場無可挽救的最後巨變——或者是「和平演變」，或者是暴力演變。它的「最後強人」消逝之日便是巨變開始之時。台灣的安危最後繫於大陸民主化的成敗，北京那隻垂死的政治老虎已無足輕重。台灣的「統派」不必妄想「入虎穴，探虎子」，因為虎穴已無虎子可探了；「獨派」也不必在這個時刻故意去「捋虎鬚」，因為那只有激起垂死之虎的反噬。朱熹論宋、金關係時曾說：「今朝廷之議，不是戰，便是和。不知古人不戰不和之間，也有個硬相守底道理」。我想套用朱子的話：今天台灣對大陸，在不「統」不「獨」之間，「也且

1 編註：余英時特愛強調中共的「光棍」本質，這「光棍」不是光棍節的「光棍」（單身漢），而是指小說戲曲中的「光棍」（地痞流氓）。他的《民主與兩岸動向》有收〈知識分子與「光棍」〉一文（一九八九年九月），其中解釋他用「光棍」，來源是呂留良《四書講義》卷三十八中的定義：「……一輩苟且無忌憚之徒，妄作妄取，輒以英雄自命，曰成大業者不顧小節，外間靡所不為，只不管自己身心如何。雖其中亦有雅俗卑高之不同，然下梢總歸於小人，即諺所稱光棍耳。」

有個硬相守底道理」。所謂「硬相守」，即台灣必須建立起最低限度的內部共識，走向一種「少數服從多數，但多數尊重少數」的民主道路。相反的，如果台灣內部不斷地進行原子分裂的活動，則其前景是未可樂觀的。

最後我必須承認，我在這些時論中說了不少不識時務因而也很討人嫌的話。現在讓我恭恭敬敬地引胡適之先生〈老鴉〉詩的第一節，來結束這節自序：

我大清早起，
站在人家屋角，啞啞的啼，
人家討嫌我，說我不吉利；——
我不能呢呢喃喃討人家的歡喜！

【編按】

本文原刊於一九九三年九月七、八日的《中國時報》。內容雖與《民主與兩岸動向》序高度重疊，但互有增刪。

文中母親是張先玲，以下是她二〇二一年十一月十日寫成，追悼余英時的文章，由我轉交給《聯經思想論壇》網站發表。

附錄

在北京包餃子的期望

——憶英時表哥二、三事

張先玲

余英時先生是我大姑媽唯一的孩子。表哥一出生，大姑媽就走了。為了這原因，表哥一輩子不過生日。

我從沒見過大姑媽。抗戰開始，父母帶著我們從杭州輾轉回到桐城老家。那時英時表哥在潛山老家，我雖然尚未和他見到面，不過，卻常常從大人談話中聽到關於他和大姑媽的事。

我們祖上是清代名臣張英、張廷玉，所以安徽桐城的大宅子被稱為「相府」。其中住著四房人家，我們是最小的一房。祖父張傳縉（英時表哥的外公）曾捐過候補知府，從未出過實缺。祖母黃玉檀（表哥的外婆）是浙江布政使黃祖絡的小姐，我出生時她已去世。但從照片上，和我父母親及上輩人的敘述，我覺得祖母是個端莊美麗的舊式貴婦人，很有威儀，懂詩文，愛京劇，擅長梅派。

大姑媽小時候住桐城，後來才隨父母搬到北京。因為我祖母喜歡城市生活，而且北京有祖母的娘家人，和一些地位相當的親戚。大姑媽是祖父母的第二個女兒（第一個女兒夭折），家譜記載她名是家瓊，字韵清。當時都是以字行，所以，很多人只知道余英時母親名張韵清，連《潛山余氏宗譜》記錄的也是字，不是名。

《潛山余氏宗譜》還寫說她「才學德行俱優，著有《谷香齋詩》一卷待梓。」這本詩集可能沒出版，但我的同宗興葦齋主人有在民國十六年（一九二七）出版的《民彝》第八期中找到她的四篇詩作，如下：

〈暮遊北海公園〉

久困塵囂裡，來從世外遊。參天多古樹，涉水一扁舟。
爛漫花如錦，清輝月似鉤。仙源原有路，何用武陵求。

〈登陶然亭〉

細草微菌遍陌阡，嫣紅姹紫倍鮮妍。偏從病裡聞幽笛，更在愁中弄小弦。
悵望故園悲萬里，分飛雁序隔雲天。登臨不禁滄桑感，鶯語聲消又杜鵑。

〈**詠梅**〉

應伴孤山處士家，豈同凡卉鬥妍華。最憐明月來相照，瘦影參差上壁斜。

〈**柳**〉

記得堤前學舞腰，吳宮嫵媚遜他嬌。廿番風信真無賴，催促春光滿灞橋。

小時候在家裡看到過祖父母全家和親戚們在北京頤和園、北海、天壇等各大景點的照片。大大小小的合影中，大部分都有大姑媽的倩影，可惜「文革」中所有照片付之一炬。

雖是相府大小姐，也沒念過新式學堂，但大姑媽不只通文墨，還善理家。聽我母親說，在北京時一大家子上上下下，人情往來等事務，祖母都依靠大姑媽協助。雖有不少人來提親，祖母都不滿意。當時表哥的父親余協中先生正在北京某大學任教，經親戚介紹男方的家世和工作性質，雙方父母和當事人也看過了照片，我祖母卻不大同意，認為張家三世一品，歷代書香，余家只是鄉紳，沒有功名，家世不夠顯赫。另外，她還對留過學的人有偏見。

我大姑媽卻表示願意見面談談，以考察對方的學識和風度。後來由介紹人及長輩親戚陪同見了面，不久就訂婚了。在那個時代，那樣的家庭，能在婚姻上堅持己見，說服父母，也是很少見的。可見大姑媽的思想境界不同一般。

出嫁後不久，姑父到天津南開大學就職，她也就隨著遷往天津。她常常回北京看望父母。聽母親說大姑媽為人溫和，且善解人意。那時我母親新婚不久，大姑媽已經有了身孕（也就是英時表哥），每次回來，都會關心我母親住慣杭州，嫁來北京生活是否習慣。她安慰我母親說，祖母雖然看起來嚴肅，但性格平和，很疼愛小輩，有什麼想吃的用的只管說，不要拘謹。

後來聽說，大姑媽臨產時祖母要她回北京，但姑父要她在天津一家德國人的醫院分娩，大姑媽難產去世，祖母為此一直心存芥蒂。大姑父從此未回過岳家。

大約在一九四六年，祖父去世後的第二年，抗日戰爭剛剛勝利。有一天，聽說潛山的余表哥要來桐城小住，孩子們都很興奮，好奇等待這位遠方的表哥。

依稀記得有一天，大人將我們都叫到第一進，因為爺爺去世不到三年，正房第一進的堂屋還擺設著他老人家的靈堂。我進去就看見靈堂邊站著父母親、爺爺的兩個小女兒六姑七姑，還有一個高高瘦瘦的男孩，看上去年紀比我們大，像是中學生，膚色較黑，但很是文靜儒雅。我們進去後，爸爸指著男孩說：「這是潛山來的余表哥。」接著，余表哥先在爺爺的牌位前磕了三個頭，又給兩個小姑姑磕一個頭，雖然兩個小姑姑的年紀都要比他小七、八歲，但是，她們是大姑媽同父異母的妹妹，是他的姨母。那時，第一次見長輩還是要磕頭的。拜過長輩，他轉過身面對著我們兄妹三人，爸爸說：「叫表哥。」我們一起叫「表哥」，向他鞠了躬。從此他和爸爸、哥哥就住在前進，我們幾個女孩跟著母親住在後進。

表哥是少年老成的孩子，身體不大好，面黃體瘦，當地人說這樣的孩子是有「痞塊」，中醫說是「食積」，現在說法就是消化不良。母親隔幾天就要帶他去「丁回子」診所看病，他是縣裡有名的專治這病症的醫生，回族。表哥服了一段時間的湯藥，果然面色紅潤起來，人也胖了一點。

那時我們只有八、九歲，他已是十六歲的少年，父親時常誇獎他中文好，字好，將來會有出息。通常他總在爸爸的書房裡看書，或者有父親的朋友來談詩論畫，父親也會叫他去參加。父親就是《余英時回憶錄》中的二舅張仲怡，他的一句「進士平生仕不優」經過友人建議改成「進士平生酒一甌」，表哥覺得深受啟發，在《回憶錄》中把整首詩都錄了下來。

「潛山來的余表哥」都在跟父親一起談詩論畫，我們對他只能敬重多於親近，就當他是學習的榜樣。他也從不和我們這些孩子一起玩，但有時會在旁發表幾句文謅謅的評論。記得有一天我忘了是什麼原因，眉毛沾了白粉，我拿手絹對著鏡子一邊擦，一邊發牢騷，表哥正好坐在旁邊的搖椅，等著我母親帶他去看病。看到我不高興，他一邊悠閒地搖著椅子，一邊慢幽幽地念：「卻嫌脂粉汙顏色，淡掃蛾眉朝至尊。」我知道這詩句是描寫虢國夫人的，很生氣，覺得在諷刺我，卻不敢發作。

幾十年後，一九七八年再見到，跟他說到這件事，他笑了，說：「那時候我看你們都是小孩子，不是有意諷刺你的，你還記得！那現在我給你道歉。」

表哥在「相府」沒住多久，南京那邊表哥的二姨母張畫宜，也就是我的二姑媽，帶了一位小表弟也回到桐城，她是來接表哥去南京讀書的。這個小表弟倒是和我們玩得挺開心。現在回憶起來，二姑媽住了大約半個多月，就帶著英時表哥一起回南京了，《余英時回憶錄》有她的照片。聽說表哥去南京是準備上大學，這對我們兄妹是個激勵。我哥哥從表哥走後，就鬧著要去大城市讀書。一年以後他就到杭州外婆家去讀中學了。一九五三年他在南京考區，以優異成績考入清華大學。

一九四六年分別後，相隔三十多年我們才又見面。一九七八年改革開放，我們從一位姻親處得知表哥的地址，那時我母親還在，和我住一起，她寫了一封信，這樣聯繫上的。正巧他要率領漢代研究代表團來大陸訪問。母親聽到消息，激動地流下眼淚，絮絮叨叨說：「這孩子從小沒母親，身體又弱。不知現在怎樣了？」我告訴她：表哥現在已經是美國名牌大學的教授，是知名學者了。她這才破涕為笑，說：「這樣就好，這樣就好。你爸爸就說他將來會有出息！他媽媽在天之靈也得到安慰了。」

那時我的先生王范地正好出差，大孩子王松要準備第二年的高考，時間緊張。表哥到北京之後，我和母親帶著兩個孩子王楊、王楠去北京飯店與他見面。一見表哥，母親就哭了，表哥溫和地摟著母親的肩膀說：「二舅母，不要傷心，我們不是見面了嗎？」母親喃喃地說：「可惜你二舅走了……」

表哥在我模糊的記憶裡是個瘦高的少年，現在已變成學者風範的中年人。他臉龐的下半部和嗓音都有些像我父親。落坐後，他問了我們兄妹以及在大陸親戚的情況，又談了些過去的事情，我們就告辭了。

表哥從外地訪問回京，準備回美國之前，我們又見了一次。那時，我的思想還很懵懂，還沉浸在「打倒了四人幫」的輕鬆感，對未來充滿期盼。我問他這次在外地的觀感。他沉重地說：「百廢待興啊！有的事積重難返，再興也很難了。」

談到時局，我說：「現在開放國門了，外面有些先進的思維和事物會給國家帶來新的局面。」他說：「會比以前好。但開放了泥沙俱下，壞的東西學得更快，這就要看共產黨領導層的見識、胸懷和智慧了。」

他還說：「美國也有不足之處，比如無罪推定是正確的，但明明知道某人是殺人犯，沒有證據就無法定罪，這就是不足之處。不過比起你們這裡『欲加之罪，何患無辭』，那是天壤之別了。」

談到兩岸統一，他說：「兩岸都有我的親戚，我當然願意統一。但這不是簡單的事，現在兩邊的差別還比較大。只要大家朝同一個正確的方向努力，達到一定的高度——」擡起兩手做出兩肘等高的姿勢，接著說：「到那時自然就統一了。當然，那不會很快。」

臨別，他抄了三首此行寫成的詩詞送我做紀念，跟他後來印在書裡的選字有些微差別，應該是初稿。他給我的版本如下：

〈車行河西走廊口占〉

昨發長安驛，車行逼遠荒。兩山輕染白，一水激流黃。

開塞思炎漠，營邊想盛唐。世平人訪古，明日到敦煌。

〈由敦煌至柳原口占〉

一彎殘月渡流沙，訪古歸來興倍賒。留得鄉音皤卻鬢，不知何處是吾家。

〈題敦煌文物研究所紀念冊〉

初訪鳴沙山下，莫高瑰寶無窮。漢唐藝術有遺踪，風格中西並重。

一九八九年天安門學生運動，我的小兒子王楠在南長街南口遇難，他一九九三年知道這個消息，在《中國時報》發表了〈一位母親的來信〉一文，披露孩子遇難的事實，譴責了大陸政府的暴行。對於我參與「天安門母親」群體的事，他十分理解，並囑咐我注意安全。九十年代後期，他曾將一筆稿費捐贈給群體中困難的老人。

我們最後一次見面是在華府，離上次已經二十多年。二〇〇〇年十一月，我隨先生王范地去美國參加一個藝術活動（編註：王范地是琵琶藝術家），住華府附近。那幾天表哥正好要去參加一個會議，為了會面，淑平表嫂特意在華府賓館訂了兩個房間。那天，他們到達賓館已經比較晚，我是第一次見到表嫂，表哥也是第一次見到我的先生。四個人談得很融洽，真是一見如故。

表嫂有著南方人的秀麗嫻雅，舉足投手之間，顯出大家閨秀的風韻。她告訴我她生在北平，所以叫淑平。果然，談吐亦有幾分北方人的爽朗。他們對王楠遇難表達了深切的關心和哀悼，對六四屠殺十分憤慨。表哥說：「六四慘案不解決，我不會去大陸！」

第二天又一起共進早餐，當時，大家對於國內的形勢還抱有希望，以為十年、二十年左右，局勢會有好的變化，我們相約，到那時請他們來北京包餃子。

二〇〇四年三月發生的變化卻不太好。那是六四事件十五周年前夕，香港送給「天安門母親」幾十件T恤，北京國安局將我和另一位在北京接收郵包的「天安門母親」拘留，並將人在外地的丁子霖監視居住。消息披露，世界輿論譁然，紛紛譴責中國政府，表哥也積極參加營救活動。

好的變化雖沒發生，我們還是常在電話中談到期望早日能在北京包餃子。淑平表嫂是堅強而睿智的女性，她常在電話裡爽朗笑說她今天跑了哪些地方，辦了那些事，然後加一句：「我是行萬里路，你表哥則是讀萬卷書。」我想，正是她行萬里路，才保證表哥能讀萬卷書，寫下等身著作。

可惜，在北京一起包餃子的期望終於還是沒實現，表哥就遽然仙逝了，給我們心中留下無盡的遺憾！

中共政權解體將不同於蘇聯崩潰

採訪◎何　頻

何：八九年六四事件後，不少人擔心中國會出現混亂，但幾年來中共政權至少表面上穩固依然，而且經濟高速發展。現在說鄧小平之後不會亂的人越來越多。您看現在這個政權是否真正穩固？和毛晚年時期比怎麼樣？

余：中共政權表面看來是比較穩固，其實不然。中共革命的歷程本來就沒有俄國那樣暴烈，中共的解體過程也將與前蘇聯的突然崩潰不同，而且蘇聯崩潰時，已七十多年，中共政權至今才四十多年，他們的領袖實際上還是第一代。鄧小平快九十歲了，還在管事，中共政權還沒有到第二代身上。蘇聯到戈爾巴喬夫（戈巴契夫）身上則已是第五代了。同是革命的一代，毛澤東晚年倒行逆施，結果第一次天安門事件後（編註：一九七六年的四五事件），毛澤東的威望公開垮掉了。毛澤東也想把鄧小平弄掉，但沒搞成，還是留在黨內觀察，這就是鄧後來復出的一個根據。當時搞不垮，是因為鄧在黨內有勢力，並不是毛不想搞他，而是搞不垮。毛沒有想到，這樣反而增加了鄧的威望。打倒鄧小平，反而使大家對鄧小平更寄託希望。這就是毛去世後很快發生政變的原因，也是鄧小平能重整秩序的張本。

我的意思是，從歷史上來看，發生這樣的政變是必然的。這種事情在中國也不是第一次發生。明、清都有，不奇怪。極權或專制政權，是個金字塔，塔的尖端有個人坐，這就是強人座位，這個強人不是一般的掌權者。他死了，就可能出麻煩。明太祖死後，燕王篡位；康熙死後，雍正奪嫡。都是前例。

中共所建立的更是一個現代極權體制，以列寧式的「黨」為核心，徹底摧毀了傳統民間社會。這個「黨」控制了每一個個人。不用說，這個「黨」本身也必然是一個金字塔式的結構，一切聽命於塔尖上的「獨夫」發號施令。這是中國傳統中所沒有的怪物（只有流氓的祕密社會與之稍為相近），塔尖上略有風吹草動，不但全「黨」騷然，而且全國大亂。這是為什麼毛死之前，以及鄧小平時代即將結束的前夕，許多人都有怕「亂」的感覺。

何：毛死時，中國社會危機到了極限，當時人民大都怕毛一死天下大亂。結果，中共政權還是保存下來了。一個強人去了……

余：毛澤東死後，還有一個強人在旁邊等著，那就是鄧小平。鄧小平復出後，這個「黨」的機器還能運轉。而且當時大家對他的希望，就像有些知識分子一九四九年對毛澤東的期望一樣，以為中國出了個救星。其實這都是老百姓心理反映，有什麼樣的人民就有什麼樣的政治。並不是毛澤東真有這麼大的本事，而是許多人輕信中共宣傳，他們總希望中國趕快強大，在世界上佔住地位，那就需要一個強有力的領袖。五代後唐明宗（李嗣源），夜夜焚香，願上天降下聖人，以安中國。[1]二十世紀中國人也還有這一殘餘心理。毛死後就期待鄧小平，鄧小平上台也確實採取了一些開放措施，看上去好像跟毛不同。可實際上是鄧知道毛澤東那套搞不下去了，革命搞不下去了。所以我想鄧小平是第二個強人，同時也是最後一個強人。

所謂「強人」在此有一特殊的意義，即王朝建立者或「革命領袖」，他們的成功並不是一般理性所能解釋的，其中帶有一種神祕力量，即韋伯所說的「charisma」，中國人稱之為「天縱聖明」或「英明」，這種神祕力量是無法傳到下一代的。第二代人可以繼承他的位子，卻繼承不了這個神祕力量。因此，就無法成為「眾望所歸」的人物，毛澤東無疑具有這種神祕力量，到了鄧小平已打了很大的折扣。但仍然有幾成。鄧以後的人便不可能具有此一特質了。說鄧是「最後一個強人」，其確切的意義在此。

何：可是鄧小平這一套改革開放政策還可能搞得下去。鄧的政策如果持續發展，這個極權就不能產生新的強人？

1 編註：此事見於王禹偁《五代史闕文》。

余：鄧小平最初有一個如意算盤，八個字：經濟放鬆，政治抓緊。但這是五十年代的算盤。那時中共正挾著勝利的餘威，大家看不清它的真面目，如果讓老百姓吃得好些，大概都心甘情願接受它的領導。但八十年代中共的腐敗有目共睹，全無威信可言，這時經濟一放鬆，政治便控制不住了。終於一發不可收拾，導致八九年六四。現在改革開放的大趨勢已不可逆轉了，但中共一元化的中央領導權也已隨之而一去不復返。最初十年的改革使權力下放到地方，中央則越來越弱，把五十年代中共政治局的人物和今天一比，即可見其消長的情況。中共現在仍靠鄧小平一人在背後支撐。極權體制也因經濟改革而暗中變質（腐化也是一大因素）。這種局面怎麼能出現新的「強人」呢？

何：鄧小平去世以後，新的權力機構將是什麼樣子？他們能不能站住腳？

余：這個誰也不敢預言，我更不知道，因為我不研究共產黨。不過地方、軍方的動向值得注意。

地方是不那麼聽中央的了。對地方上的第一把手、二把手能不能像以前那樣控制自如，是很難說了。我的看法，分權使地方發展是必然的，中央是收不回去了。

軍隊我不知道，這是一個未知數。但軍頭是鄧小平提拔的，鄧在時誰也不敢反對。鄧不在了，江雖然掛牌，還不是跟華國鋒差不多，說下就下了。而且軍隊與經濟溝通，軍隊與地方有了新的關係。

所以鄧小平一死，李鵬的權威也罷，江澤民的權威也罷，都是靠不住的。江澤民現在未必比華國鋒穩固。當然華國鋒運氣不好，旁邊有鄧小平虎視眈眈，鄧又是眾望所歸。江澤民運氣好，旁邊再沒有另一個強人，所以他垮台比華國鋒要緩，但除非他有新的表現，光靠鄧小平或元老支持是不能長久的。有些大陸來的人表示寄希望於喬石，這個人能有多大權力？很難說。趙紫陽呢？他並沒有像鄧小平那樣的權力基礎，鄧死後能不能再復出，尚難預測。總之，這些事要發生以後才知道。

何：您認為鄧之後如果中央集權崩潰，社會失控，中國有發生大崩潰、大混亂的可能性嗎？

余：我的概念不是崩潰而是解體。現在是一個混亂的制度，而且要延續比較長的時間。中國未來的危機多得不得了，鄧小平之後是個很麻煩的事。中國大概不會像前蘇聯那樣分崩為十幾個共和國，因為歷史背景完全不同。關鍵在於能不能把「改革」從經濟領域推廣到政治、社會方面，逐步脫胎換骨。如果仍陶醉在以暴力維持「黨天下」的迷夢中，則什麼事情都可發生。我說「解體」是指中共的極權體制而言，如果過渡得順利，那麼「解體」的另一面便是健康、合理的制度的重建。這是有積極意義的。

何：內蒙古、西藏與漢族之間的關係將會怎樣發展？

余：肯定是越來越衝突。將來怎麼發展，就看是向心力大，還是離心力大。如果像現在這樣，作為中國的一部分不但沒好處還有壞處，衝突肯定會加大。將來說不定鬧獨立。在我看來，無論從民族、語言、宗教、文化上看，西藏、蒙古、回疆有些人要求高度自治甚至獨立都不是沒道理的。

姑以現在鬧得最厲害的西藏來說，它劃入中國版圖是蒙古和滿州兩個征服王朝帶進來的。元朝才設「宣慰司」，清朝才有「駐藏大臣」，但與中國的關係仍屬於「外藩」的範圍。傳統中國另有一套國際關係，當時並無西方十六世紀以後才出現的所謂「主權」問題，所以今天要爭這些「外藩」是中國不可分割的一部分，或說它們是「獨立體」，兩邊都有理由可講。若堅持這些地區都屬於「中國」，那麼外蒙古怎麼辦？朝鮮、越南這些中國的「屬國」又怎麼辦？中國過去對這些「外藩」和「屬國」都是「羈縻」方式，並不直接統治，今後只要中國能以「王道」的方式，證明參加這一國對它們只有好處，沒有壞處，那它們不會鬧獨立，否則遲早會發生問題。

何：您怎麼評估海峽兩岸關係的發展？

余：這也很難說。看台灣的態度，也看大陸的態度。實際上，今天海峽兩岸的局勢仍屬於一九四九年內戰沒有結束的狀態。國民黨政權撤退到台灣、澎湖、金門、馬祖，但並未被推翻。中共在大陸上取得了勝利，但也沒有能統一全國。四十多年後，大陸和台灣都發生了重大變化，今後是和是戰都難逆料。戰姑不論，和則有如何和的問題，實在複雜得很。

何：「一國兩制」在台灣有沒有可能？

余：「一國兩制」不可能。嚴格地說，沒有什麼「一國兩制」的。「一國兩制」便不可能有穩定性。

何：為什麼？

余：「一國兩制」，這兩制之間怎樣溝通？中共的打算是司馬昭之心，路人皆知。它是要把台灣騙得就範以後，再吃掉它。此之謂「統戰」。到手以後，它只能是一個地方政府，和西藏或香港一樣。

香港「五十年不變」是一句騙人的話，現在香港已開始變了，何待五十年？「一國兩制」是古今中外歷史上都沒有的事，也不可能行得通。此正是所謂「不是東風壓倒西風，便是西風壓倒東風」。既是「兩制」，又何必「一國」呢？在中共的極權體制未徹底改變以前，中國不可能有和平的、互利的統一。上面說過，在台灣的「中華民國」並未被征服，它的法統還比中共政權早二十二年，甚至三十八年，不大能想像國民政府願意自動降級為地方政府。

何：兩岸這樣長期拖下去，如果台灣獨立……

余：是有可能獨立。台灣獨立已經不是一句空話。事實上它一直是獨立於所謂「中華人民共和國」之外的一個政治實體。

中共在江西時代，甚至延安邊區政府時代又何嘗為了「統一」之故承認國民政府是它的合法中央？如果台灣獨立不是根據狹隘的地方觀念，也不是投降任何外國勢力，那也沒有什麼不好。而且將來中國大陸重新走上合理的體制，那時仍然可以討論怎樣統一起來。

何：有人說，鄧小平留給江澤民的遺產就是台灣問題，鄧希望在江澤民手上解決台灣問題來穩定他的地位。您認為武力解決台灣對江澤民來說，有多大的難度嗎？

余：當然有難度。中共說台獨是不允許的，但動用武力，國際上的影響，誰勝誰負都得考慮。你不可能扔原子彈，台灣可以背水一戰。和談和武力都難，情況變化很難預料。中共當然會說，我不用真的動武，只要封鎖台灣海峽便可逼台灣投降。但封鎖與反封鎖是相應而來的，大陸的開放政策也就必須中斷了。台灣民主制度已在形成中，一般人民的獨立自主意識很強烈，不可能心甘情願做「順民」，聽一個極權的黨的擺布。在這種情況下，即使大陸可以用武力征服台灣，施行無限制的暴力統治，其所遇到的反抗也是無盡無休的。這等於無端地把一個定時炸彈抱在懷裡，造成永遠的不安和恐懼。我不知道這是不是負責任的政治人物所願意採取的政策。過去羅馬帝國時代，新皇帝登基常常去征服一個地方，以穩定自已的地位，這在今天恐怕效果會適得其反。

何：您認為中國現代化和民主化的道路應該怎樣設計？

余：首先我要指出，「設計」這個觀念是二十世紀中國人最致命的大錯誤。因為國家、社會、文化都是幾千年中逐漸成長起來的，豈能由少數人來「設計」重新塑造？一切社會設計或大規模的社會工程都是人的狂妄，都是「以百姓為芻狗」的妄人遊戲。「革命」便是最大的錯誤，這已由俄國革命這一事實完全證明了。西方民主化和現代化都是在原有公民社會基礎上逐步建立起來的，並非出於少數人的「設計」。中共的「革命」把中國原有的社會基礎全部摧毀了。在所謂「毛澤東時代」，整個大陸、全部人民，都成為一個全無現代知識的妄人玩弄的對象。今天第一步要恢復人民在生活上自己做主的權利。第二步是使原有民間社會的活力復甦。第三步才能使傳統的民間社會轉化為公民社會。有了公民社會，現代化與民主化才能真正開始。

何：您所指的公民社會的形式是怎樣的呢？

余：「公民社會」原是西方的概念，最近幾十年來是東歐各國，特別是捷克的知識分子重新倡導的，西方人往往把公民社會和現代中產階級聯繫起來。我想這只是一個方面，公民社會並不等於資本主義社會。

我所說的「公民社會」是指民間自動自發逐漸形成的各種組織，從宗教、學校到企業、行會等等。這些中間組織都不是「國家」所能任意取消或操縱的。這樣的社會才是「多元社會」。當然，人民的財產權必須得到確實的保障。中國人說「捧人的碗，受人的管」。這正是共產社會的寫照，在這樣的社會裡，人民便全無權利可言。莫斯科政變，共產黨垮台那一次，電視上有一個俄國人大叫：「莫斯科的公民社會今天再生了。」從這句話，我們可以認識「公民社會」的意義。整個問題太大了，這裡不能詳說。

何：您覺得中國的政治模式有什麼選擇？

余：現在也沒有什麼很大的選擇。中國一夜之間就變民主，那是不可能的。如果有幾個開明的集團，用的是好人才，專家治國，從地方上著手，逐步發展過渡，那是可能走向民主化的。我已經說過，真正的政治改革必須根據實際社會的具體情況，逐步疏導，不能憑空「設計」，因此也不能有預訂的「模式」。但基本人權（包括財產權）、基本公民自由（包括人民選擇政府的權利）是共同的目標，任何現代國家都無例外。

何：中國的一些知識分子，甚至是一些民主派的知識分子也認為，中國只有建立法制才會有出路。

余：這把問題看得太淺了。孟德斯鳩首先提出「法的精神」（法意），這是從柏拉圖《法制》一書引申出來的。西方法制有二千年以上的歷史。制訂一套憲法並不難，中共就有好幾部，難在有守法的精神。中國古人說「徒法不足以自行」也含有此意。中國傳統中也有不少「成法」，當時人多少還尊重它，中國並不從頭就是「無法無天」的社會。

然而，「法」的觀念和精神卻在過去四十多年的中國大陸上被破壞得相當徹底，要重建法制不是那麼容易的事。這就涉及文化和教育等基本的問題了。沒有一個比較正常的民間社會或公民社會，法制只是一張廢紙而已。

何：有人認為可以走新加坡模式。

余：這不可能。中國這麼大，十幾億人口，拿人家二百萬人口的國家做模式，這不是荒唐嗎？整個情況根本就不一樣，怎麼談得上走它的路子？我猜想這是因為鄧小平看中了新加坡模式比較合他的「經濟放鬆，政治加緊」的幻想，但新加坡在唯一的強人退休之後也會發生變化。而且新加坡的法制基礎是英國人留下來的，也不是從天而降。

何：您認為中國有沒有可能像蘇聯那樣，由激進的民主派勢力上台？

余：蘇聯所謂「激進民主派」是以十幾個「共和國」為基礎，中國民主派目前尚無基礎。但將來各省力量大了，而中央又不足以服人，也許會出現「聯省自治」的要求，民主派在這一局面下也許可以發揮今天還意想不到的作用。

何：聯省自治？

余：我的意思是要看地方的情況，地方有充分的權力，可以代表、維護自己的利益。像廣東、香港，地方的幹部，由真正的人民代表會議選舉出來，那就不是現在這個樣子。那是真正選出來的，有基礎力量的。新聞制度也不一定要照北京中央宣傳部所定的，那就可能是一個變化。這種變化多了，中央恐怕不能不遷就各省，特別是中央已沒有「強人」的狀態之下。

「聯省自治」是一個老觀念，民國九年到十一年之間，《努力》周報和其他報刊上討論得很多。又辛亥革命前已有「新湖南」、「新廣東」、「新江蘇」、「新浙江」各種地方運動。民國三、四年間又流行過一陣子「聯邦論」，這些老觀念將來也許會重新抬頭。

何：那麼在權力的分配方面，到時候地方和中央維持一種什麼樣的關係呢？

余：那就要看雙方力量的對比。我沒法描繪，如果「經濟諸侯」與地方軍區聯手，中央不一定有足夠的力量去制服的。中共從來迷信武力，但武力終不免有時而窮。

何：有沒有武力衝突這種可能性？

余：那當然有。不久前有人在《紐約時報》星期天的雜誌上寫過一篇文章[2]，假想鄧死後中國發展的三種可能，其中之一便是內戰。如果地方覺得中央把他們的錢都拿去，那不行，有一天反抗起來了，那就會出問題。

但這都是推測，未來畢竟無法預言，我們當然不希望中國會朝這種最壞的可能性去發展。總之，鄧以後中國變數太多，沒有人能下斷語。我的基本想法是：我們決不能假定中國大陸的現狀會一成不變，或幻想大陸已是一穩定之局。大陸正處於過渡時期的最初階段。如果中共黨內還有開明的力量，能把「國家」和「人民」的利益放在「一黨專政」之上，逐漸導向民主化、現代化的方面，那麼良性的發展也絕不能排除。是禍是福有時繫於一念之間。

何：鄧小平去世以後，知識分子能扮演什麼角色？

余：從戊戌政變、辛亥革命到四十年代，中國知識分子在政治上所起的作用無法估量。中共的興起也靠城市知識分子的支持。這一點毛澤東最初也承認過，後來過河拆橋，一概不認帳了。在中共統治下的四十年，知識分子受盡屈辱和折磨，今天又有所謂「下海」之說[3]，因此相對而言，知識分子今後的政治作用也許不會像過去那樣大。

但八十年代的「文化熱」到「天安門民主運動」，還是新一代知識分子造成的，甚至中共黨內的「改革開放」也是知識分子搞出來的，不能歸功於一兩個「領袖」。所以今後中國如果還想走出一條現代化的路來，知識分子仍然會起作用。例如在文化思想上、教育上、在民主自由等觀念的疏導上，中國將來仍非靠知識分子不可。除非中國人從此只認得「權」和「錢」，一切精神價值都不要了，只知現實，不再有任何理想，否則，知識分子的功能總是不能取消的。這可以說是「野火燒不盡，春風吹又生」。

但是知識分子也有各式各樣的，在共產黨這個大染缸裡成長起來的知識分子，恐怕不知不覺也染上共產黨的許多色彩。再加上傳統中國原有的一些毛病，知識分子不見得各個在精神上都很健全。從這四、五年來海外有些民運人士的言行來看，他們還需要繼續努力，以提升自我的精神境界。過去傳統士人強調道德修養，強調讀書變化氣質，今天當然不能完全照傳統的辦法去做，但現代公民的修養，現代知識的吸取，仍然十分有必

2 編註：指紀思道（Nicholas D. Kristof）發表於一九九三年十月三日《紐約時報雜誌》的〈China in the Year 2000—Repressive? Expressive? Anarchic?〉。

3 編註：「下海」意即改行經商，是鄧小平九二南巡講話後出現的流行詞。

要。韋伯講的責任倫理確是不可缺的，即一言一行必須對自已負責，對社會負責。但古人說「後生可畏」，又說「焉知來者之不如今」，說不定大陸上新一代青年知識分子又正在醞釀著一個新的「創世紀」，我們還需要有信心。

【編按】

本文有經余英時本人校訂，收入何頻《鄧小平之後的中國》一書。亦曾刊載於一九九四年三月《北京之春》雜誌，題〈訪問余英時教授〉。四月十八日《聯合報》之《探索》版亦有節錄，題〈觀測鄧小平之後的中國〉。何頻是明鏡新聞出版集團創辦人。訪談時間是一九九四年一月四日，地點在普林斯頓余宅。

為了反駁此文，台灣統派雜誌《海峽評論》在一九九四年五月號刊出〈請尊重基本的歷史事實——余英時先生言論駁議〉一文，作者署名「（北京大學教授）岩卉」，指稱余的見解是「為分裂祖國張目，甚至作外國人『拆散中國』的言論先鋒」。總編輯王曉波在〈編後〉推薦此文，寫說「讀者從其中或可認識會用中文的美國人余英時究竟是一位什麼樣的『歷史學者』」。美國親共媒體《僑報》亦在五月三十一日刊登岩卉之作。

飛彈下的選舉

——民主與民族主義之間

中國史上破題兒第一遭的全民直選總統已經順利地落幕了。最近兩三個星期內，台北變成了全世界注目的焦點。這次台北的巨大吸引力當然首先來自民主大選的本身，這確是具有劃時代意義的大事。其次我們必須承認，中共以飛彈演習為選舉造勢，也大大提高了各國政治觀察家和新聞記者的訪台熱情。台灣兩千一百萬人的真實民意、選民政治成熟的程度，以及民主程序的運作狀況，都可以從飛彈威脅下的投票結果看得一清二楚。現在選舉既已揭曉，訪客都將紛紛離去，台北大概很快地便會在一度異常熱鬧之後回到正常的生活軌道。「人散廟門燈火盡，卻尋殘夢獨多時」，現在應該是靜下來對飛彈下的選舉進行反思的時候了。

這次飛彈和選舉恰好代表了兩個現代的觀念，即民族主義和民主。選舉代表民主是不言而喻的，但是飛彈為什麼能代表民族主義呢？這是因為中共以飛彈演習阻嚇中華民國在台灣的總統選舉是以民族主義為藉口的。中共的民族主義究竟具有什麼樣的內容，下文再說。我現在首先要指出的是飛彈演習也暴露出一個重要的事實，即中國人的民族意識今天有普遍高漲的趨勢。直接在中共宣傳機器操縱之下的大陸人民姑且不說，海外以至在台灣的中國人中也有相當大的一部分為民族主義所激動，儘管他們的政治傾向是偏在民主的一邊。他們也許不會同意中共的飛彈威脅（暗中甚至公開喝采的也未嘗沒有其人），但是卻能同情飛彈所代表的民族主義的符號——中國的統一。這裡透露出來的問題是極其嚴重的，孫中山三民主義中的「二民」——民族主義和民權主義（即民主）——竟然彼此鬧起矛盾來了。

中國人的民族情緒為什麼今天忽然高漲起來了呢？我們首先必須了解，這是當前世界大潮流的一部分。目前蘇聯和東歐的共產體制崩潰以後，世界的劃分又全面地回到了以民族為單位的老方式。除了阿拉伯世界與西方的衝突由來已久之外，試看俄國對車臣的用武、波斯尼亞的內戰，也無一不是民族主義激化的結果。其中只有捷克斯洛伐尼亞的一分為二是以和平的方式完成的，這是受民主體制之惠。在過去東歐的共產國家中，捷克本來便具有最深厚的民主傳統，因此才能靠理性解決民族的問題。一九九三年杭廷頓〈文明的衝突〉一文之所以震動一時，便是因為他一針見血地點破了冷戰後世界新潮流的本質：他所謂「文明的衝突」，分析到最後，便是民族的衝突。

但是今天中國人的民族主義又有其現階段的新特色。自鴉片戰爭以後，中國人便受盡了西方帝國主義侵略的災難，對於一個向來以「天朝」自居的民族，這已是深入骨髓的奇恥大辱，甲午之戰中國敗在西化不久的日本手裡，割地賠款，這更是恥辱中的恥辱。所以一八九五年以後，民族主義在中國進入了第一次的高潮。從一八九五到一九四五，中國是以一個被侵略、被侮辱的民族的身分，用民族主義為精神的武裝以抵抗帝國主義。民族主義在這一階段發揮了偉大的正面功能，是不容置疑的。但是中國在第二次大戰結束以後已擺脫了「次殖民地」或「半殖民地」的地位。羅斯福早在一九四二年元旦便正式歡迎中國為「四強」（Four Powers 即美、蘇、英、中）之一，一九四五年中華民國又成為聯合國的四大創始會員國之一（法國還是後來加入的），至於今天的中國大陸已隱然成為許多亞洲國家恐懼的強權，那更是不在話下。在中國由弱轉強的現階段，中國人的民族意識忽然又普遍地滋長了起來，這是一個最值得注意的文化心理現象。

我要直截了當地指出，這個新民族主義在性質上與舊民族主義根本不同，因為它已從自衛轉變為攻擊：它的攻擊對象主要便是美國，因為美國今天已成為西方帝國主義的唯一象徵。要了解這一轉變，我們要簡單地交代一下中國和西方之間的另一種關係。在受西方帝國主義侵略的同時，中國人也發現了西方的優點，於是開始了一個長期師法西方的運動。從魏源「師夷之長技」開始，師法的內容不斷擴大，師法的對象也屢經改變，詳情這裡不必說了。一言以蔽之，是學來學去，總是學不到家，挫折感因之與日俱增。五四時代的人提出了「民主」與「科學」兩個口號，這大致可以代表晚清以來知識分子師法西方的主要內容。但八十年代，大陸上思想稍稍鬆動的期間，新一代知識分子對於西方的嚮往仍然是以「民主」

與「科學」為中心。舉此一端，我們便不難想像中國人百年來因師法西方經歷了多少內心的挫折和失望。中國過去是一個文明大國，一向有「居天下之中」的優越感。西方政治學家也注意到中國人在潛意識中至今還不能接受與其他國家平起平坐的事實。不可否認地，中國人師法西方確不是心甘情願的認輸，而是以此為手段，以達到與西方強國並駕齊驅甚至越而過之的境地。孫中山的「迎頭趕上」和毛澤東的「超英趕美」都流露出這一強烈的心理。

但是由於長期師法西方勞而無功，積累了大量的挫折感，中國人早已滋長了一種憎恨西方的心理。這與被打敗的恥辱感及報復心並不是同一回事，但二者互相加強。這種憎恨是從羨慕轉化而來的，卻仍然保留了羨慕的成分。我們可以稱之為「羨憎交織」的情結。這大約相當於尼采所首先創用的「ressentiment」一詞。今天專家研究民族主義在西方各大國的成長過程便特別重視「羨憎交織」這一心理因素。例如俄國自十八世紀初即嚮慕英、法，全力西化。但此後一兩個世紀的不斷挫折終於轉「羨」為「恨」，最後則歸宗於馬克思主義。分析起來，這裡有三層原因：第一是俄國西化雖一再受挫，其民族認同卻仍在西方，而馬克思主義則恰好是西方文化的產物。第二，馬克思主義徹底否定了英、法所代表的西方，滿足了俄國人的憎恨情緒，第三，馬克思主義號稱代表著更完美的西方未來，這又滿足了他們嚮慕西方的心理。總之，馬克思主義是以「反西方的西方主義」（anti-western westernism）這一特殊性質而為俄國人所接受的。

德國民族主義的發展則代表另一典型。德國人在文化上曾承認法國和英國是先進的模範，它的啟蒙運動便是從法國移植過來的。但十九世紀初德國在建立其民族國家的認同時，它的政治文化卻遠遠落在英、法之後。英國人和法國人當時都認為現代先進的政治文化包括三個要素：理性、個人自由和政治平等。他們不但以此自傲，並且公然以此譏笑德國人的不長進。

這種譏刺對於德國人民族自尊心的傷害比拿破崙的征服德國還要深刻。因此德國人對於英、法所代表的西方也由羨轉憎，但是德國人與俄國人不同，他們不再向外面尋求現代化的模式，而是從本土文化的內部建立自己特有的民族認同，此即個人完全服從國家，民族的集權主義，希特勒的納粹主義便是德國民族主義的最後結晶。

我引俄、德之例說明「羨憎交織」的歷史作用，並不是節外生枝，而恰恰是為了澄清現階段中國民族主義的新取向。今天從中國大陸上出發的民族主義清楚地顯示出：中國人「羨憎交織」情緒的發洩方式正在從俄國型轉向德國型。積極推動這個轉向的便是中共。馬克思主義作為一種政治意識形態而言，今天無論如何是破產了，它已無法再支持中共政權的合法性，中共自然不能公開放棄原有的官方意識形態，但它正在暗中尋找第二種精神保證，民族主義自然成為首選。北京最近主動地推動並組織「國際儒學聯合會」之類的活動便是新民族主義運動的一個組成部分，為了對抗來自西方的人權壓力，中共今天已不再乞靈於馬克思主義。它的新說詞是：中國人的人權觀念首先便是「吃飽飯」。這裡不必討論這個說詞本身的是非。值得注意的是「中國人的人權觀念」這個提法顯然是以民族主義為根據，因為一切訴諸「特殊國情」的論證都必然是民族主義的論證。許多跡象顯示：為了挽救意識形態的危機，中共已開始運用中國民族的集體記憶。統戰文件中出現「中國五千年文化」的字樣便是一個清楚的信號。中國的文化傳統和德國截然不同，中共是否能在中國製造出一個納粹式的民族主義運動，以符合其極權體制的需要，其事尚未易言。但是今天不少中國人的心中對於西方——美國是其最主要的象徵——確激盪著一股難以遏阻的「羨恨交織」的情緒。這種情緒要求一個「強大的中國」向以美國為首的西方公開挑釁。如果西方無可奈何，那便更證明今天中國人真的「站起來了」。這樣的人在大陸上最多，但海外以至台灣也隨處可見。這次飛彈所代表的便是這樣一種新的民族主義。

分析至此，我們可以看出，在中國人的意識裡，民族主義和民主之間存在著緊張和不安。孫中山最初提出三民主義的設想時，他確實相信這兩個現代價值是可以並行不悖，甚至是互相支援的。他在辛亥革命前所嚮往的現代中國是以英、法、美為模式的西方型的民族國家。他所倡導的革命當時也只有法國和美國的革命可資師範。所以他曾一再表示，三民主義是和法國革命的「自由」、「平等」、「博愛」或林肯的「民治、民有、民享」相通的，英、法、美三國的現代民族認同（national identity）雖各有特色，但大致都承認民族國家是自由人的集合體，個人的公民自由和人權是第一義的：民族國家雖擁有完整的主權，但主權的最後根據在人民的同意，而一人一票的選舉則是表達民意的唯一方式。因此西方型的民族主義和民主基本上是一致的，決無衝突可言。當然，在民族國家的整體生存受到威脅時（如美國憲法所謂「明顯的、眼前的危險」），公民的個人自由可以受到某些限制，但這也是事先已取得全體公民的同意的。

這一民主理念及其制度化雖起源於西方，晚清以來卻早已為中國人所認同。當時國粹學派中人還引經據典，說明「民主」在古代中國早已出現。從五四時代到今天，中國人又屢次信誓旦旦，表明自己有最堅定的決心為民主在中國的實現而奮鬥，不但如此，放眼今天的世界，連以前最敵視西方民主的俄國和德國也都不得不改用一人一票的方式選舉他們的政府了。民主作為一種政治原則，即以理性的、文明的方式終止「以暴制暴」的惡性循環，以法律保障每一個公民的自由與人權，不但在理論上已為一切現代民族所普遍接受，在實踐上也推廣到除了中國大陸以外的每一個現代大國了。中華民國這一次的民主選舉，照常情推斷，應該是絕大多數中國人都會為之歡欣鼓舞的破天荒的大事。事實上，就我所見，西方的報導和評論也都異口同聲地強調這一點。反而是華文報紙雜誌，重視飛彈遠過於選舉的本身，這雖然是完全可以理解的，但畢竟給人以異樣的感覺。

選舉和飛彈的較量暴露出中國人的民主認同和民族認同之間發生了裂痕，這個裂痕自然可以從個人利害的考慮上去求得一種解釋。但是我不想這樣做，因為我不願意把中國人的精神境界拉到這樣低的層次。所以我還是從文化心理的角度提出我的觀察。百餘年來在西方侵略下被迫走上現代化的途程中，中國人一直面對著雙重的認同危機。第一、個人的認同，即什麼才是現代的中國人？第二、民族的認同，即中國怎樣才算是一個現代的民族國家？在第一個問題方面，從譚嗣同、章炳麟、梁啟超到蔡元培、陳獨秀、魯迅、胡適等都一致強調「尊重個人獨立自主之人格」（陳獨秀語）。因此自由、平等、人權等現代價值不但早已為中國人所接受，並且還在五四以後的歷次民主高潮中獲得肯定。最近而且也最壯烈的一次是一九八九年天安門的學生運動，中國人在個人生活的層面從來便有不願受過多約束的傾向。孫中山說中國社會像「一盤散沙」，梁啟超也說中國傳統倫理的特色是「私德居其九，而公德不及其一」，都是指此而言。所以，在個人日常生活的層面，中國人擁抱民主是順理成章的事。因為個人的獨立、自主、自由、人權等價值都只有在民主體制下才能實現。

但是在民族國家的認同方面，中國人自清末到今天，卻始終沒有取得共識。最早的民族國家的模式是取自英、法、美所代表的西方；俄國十月革命以後，蘇聯模式立刻在中國流行了起來，在民族危機深重的三、四十年代，德國式的民族主義（或國家主義）也曾受到不少人的青睞。如上面所分析，今天中國人「羨憎交織」的民族情緒又開始在新的歷史階段尋求德國式的發洩，而且明顯地從自衛轉向進攻。但是由於缺乏共識，又經過了反傳統思想的洗禮，「中國」這兩個字究竟有什麼樣的具體內容，恐怕今天誰也說不清楚。它是地理名詞呢？政治名詞呢？文化名詞呢？還是種族名詞呢？我敢斷言，無論從地理、政治、文化、或種族的觀點去試圖對「中國」這一概念加以清楚的界說，馬上便會引出無窮的爭辯。

總結地說，現代中國人在日常生活中都願意獨立自主，這是可以確定的。因此在個人的層面上，中國人對於民主的認同至少已取得最低限度的共識。在集體的層面上，中國人的民族認同依然處於分歧和模糊的狀態，但民族情緒卻在中共刻意煽動之下不斷上升。依照孫中山的最初構想，民主與民族主義之間是相輔相成的關係，然而今天竟出現了裂痕，這是當前最值得冷靜思考的大問題。中國歷史上劃時代的民主選舉在飛彈威脅之下完成，這是危機的信號，但又是希望的象徵！

【編按】

台灣第一次總統直選的投票日是一九九六年三月二十三日，此文發表於三月二十九日《中國時報》。

文中提到的飛彈危機是從一九九五年七月開始，為時七個月，投完票才結束。期間解放軍多次演習，從飛彈試射、海上攻防到兩棲登陸。余英時針對這場危機一共發表五篇文章，因為篇幅限制，本書只收兩篇。沒收的另外三篇如下：一九九五年八月二到四日在《自由時報》連載三天的〈解除緊張感建立新秩序——兩岸現狀的分析〉、一九九六年三月十二日刊登於《中央日報》的〈「我自巋然不動」〉、五月二十日總統就職日刊登於《聯合報》的〈理強勢弱與以理造勢〉。

「羨憎交織」是余英時自創的詞，第一次出現於一九九五年七月寫成的《歷史人物與文化危機》一書的序。本書有收的〈海峽危機今昔談〉亦有仔細闡述。這四字譯自法文ressentiment。尼采對此概念的闡述可見於《超越善惡》、《道德的系譜》二書。

海峽危機今昔談

——一個民族主義的解讀

前幾天偶然翻看《胡適的日記》，在一九五〇年六月二十三日至二十五日的日記中，我發現這一連三天的記事很有助於我們今天對於台灣海峽的緊張形勢的了解。讓我先把日記中有關的部分摘錄於下，再作分析。

六月二十三日條：

我自從去年七月到於今，沒有去見一個美國政府大官，也沒有去見一個兩黨政客。今天Dean Rusk（國務次長，按：即後來甘迺迪總統時代的國務卿魯斯克）來紐約，約我去談，談了一點半鐘。我對他說：「你們現在一定飄泊到一個世界大戰！但不要叫他做『第三次世界大戰』！這不過是第二次大戰的未完事件而已！」

六月二十四日條：

今天各報都登出小字新聞，大國務卿 Acheson（按：即艾契遜）說，「美國對台灣的政策不改變」！

變與不變，權不在 Acheson，也不在 Truman（按：即當時總統杜魯門），權在幾個瘋人手裡——在國際共產黨手裡！

昨天我對 Dean Rusk 說：「你剛才提起杜總統正月五日的宣言。那天是英國承認中共政權的日子。正月五日就是北平的正月六日。那天，北平是一個沒有知識的共產黨軍人（聶榮臻）送了一個短信給美國駐北總領事 Clubb，說舊大使館的一部分房子是美國兵營，『人民政府』不能容許這種帝國主義的兵營存在，所以必須沒收！這一件短短的公文逼得美國政府（一月十四日）宣告撤退一切官員及其眷屬。這一個無知軍人的發瘋，比胡適博士一千篇文字還更有力！你們的政策的變與不變，全看這些無知的瘋子發瘋不發瘋！」

六月二十五日條：

昨夜十二點，我偶然聽廣播，忽然聽說：「北韓大舉進攻南韓，並且『宣戰』了！」

我聽了歎了一口氣，果然不出我所料，瘋子果然發瘋了！

我必須提醒今天的讀者，一九五〇年六月二十五日韓戰爆發之前，台灣是處於最危險的時期。那時國民政府已播遷到台北，但美國的對華政策卻在舉棋不定之中。艾契遜所領導的美國國務院中頗有人希望和中共建交；一九四九年八月五日國務院公布了《中美關係白皮書》，表明美國對於國共內戰將採取袖手不管的立場。《日記》中提到一九五〇年一月五日杜魯門的宣言，也是一項重要政策聲明。根據這一文件，美國決不捲入中國內戰，也不提供軍事援助給在台灣的中國軍隊。台灣已根據《波茨坦宣言》（一九四五年七月二十六日）正式歸還中華民國，美國對於台灣不但從無領土的野心，而且目前也不準備在台灣建立軍事基地。從國務卿到總統的這一系列的正式表示，我們可以清楚地看到：美國當時正期待著中共的善意回應，以為進一步商談建交的準備。所以胡適在一九五〇年四月三日給沈怡的信中說[1]：「我去秋就不願久留（編註：美國），特別是慮（及）美政府也許承認中共的政權，那時我如何能住下去？今年一月十四日，美國宣布撤退中共區域內的一切美國使館人員，我才敢懸斷，美國在最近一年或一年半以內，大概不會承認中共政權。」

由此可知在一九五〇年六月二十五日韓戰爆發以前，美國隨時都有承認中共政權的可能。但中共當時正在執行毛澤東「一面倒」的外交路線，而毛澤東本人尤其害怕斯大林會懷

1 編註：沈怡是水利專家，當時是聯合國遠東經濟委員會防洪局局長，工作地點在曼谷。

疑他將成為「狄托第二」，因此終於走上與美國正面為敵的道路。美國繼續承認中華民國和韓戰爆發後派第七艦隊巡邏台灣海峽，其實都是出於被動，艾契遜宣稱「美國對台灣的政策不改變」，而胡適諷刺地稱他為「大國務卿」，又說「變與不變」，權不在艾契遜，也不在杜魯門，而在「幾個瘋人手裡」，正是因為他看準了美國政府自國民黨在大陸崩解以後，向中共不斷示好，其意在於「琵琶別抱」。甚至一向和政治無關的陳寅恪，在美國發表《白皮書》以後也寫下了「未秋團扇已先哀」的詩句，譏評美國政府在秋涼未至時已先捐棄了「團扇」——即放棄了國民政府（一九四九年八月五日《白皮書》刊布時，國民政府還在廣州）。但是艾契遜向中共送秋波事實上變成了「俏媚眼做給瞎子看」，所以國務院迫不得已，只好聲明「對台灣的政策不改變」。胡適不肯領這一份自欺欺人的「人情」，特別點出「變與不變」，權在中共和斯大林。

但是胡適一再用「瘋人」和「發瘋」來解釋中共的作為，這就顯示出他當時也不深知「鐵幕」背後權力關係的錯綜複雜。今天莫斯科已公開了一部分有關韓戰背景的文件，而大陸上也有人回憶了毛澤東怎樣作出參加韓戰的決定。我們已能清楚地看到，中共當時的仇美與好戰並不是「瘋人發瘋」：他們的每一步行動都是經過仔細考慮的。只是由於他們的基本前提和推理程序都不是自由世界的人所能把握的，胡適才把這些無法理解的舉動歸之於「瘋狂」。

中共予取予求的方便門

四十六年過去了，胡適在一九五〇年所關懷的台灣的危機今天又以更緊迫的方式重現了。這並不是歷史的重複，因為許多相關的具體條件已改變了。但是四十六年前的歷史經驗對於今天台灣海峽的險惡形勢仍然具有重要的啟示作用。這是因為危機的根本性質沒有改變。今天蘇聯已不存在了，由於「改革」、「開放」，當年籠罩整個中國大陸的「鐵幕」也不得不部分地打開，美國更早已正式與中共建交。尤其重要的，台灣地區在這四十多年中已從一個「一黨專政」的「戒嚴國家」蛻變為全面民主化的開放社會。這幾點是今昔國際和國內形勢最大不同的所在。但是今天中華民國的生存所受到的唯一威脅仍然是來自隔岸的中共政權。不但如此，中共什麼時候忽然凶相畢露——胡適所謂「發瘋」——無論是中華民國和美國的政策制定者仍然是無從預測，因此也就一籌莫展。以美國來說，今天白宮和國務院對於中共基本上是遵循著季辛吉（Henry Kissinger）所制定的政策，一般稱之為「全面牽纏」（comprehensive engagement）。所謂「牽纏」即美國纏住中共不放，從貿易、國際事務、到人權問題、海峽兩岸關係等都不斷和中共作「理性的」交涉、對話、磋商，中共認清這種「理性的方式」對於中國大陸的長期發展是最有利的，於是一切暴戾都可以化為祥和。這個牽纏政策是建立在一個假定上面，即中共越是對外「開放」，大陸的經濟便越發達，經濟越發達，政治「改革」也會越加速，最後中共政權的專橫殘暴的性格也就自然而然地轉化。這一假設很美妙，推理也好像符合常識。如果以五十年或一百年為期，它也許可以變成事實。但是一切政策都是針對眼前的問題而制定的：就六四屠殺以後和眼前的海峽危機來看，這個「牽纏」政策不但是失敗的，而且失敗得很徹底。因此今天美國的輿論，以至一部分美國官員的意見，已明顯地傾向於冷戰時代的「圍堵」政策。正像一九五〇年一樣，美國要不要「改變對華政策」又再度成為聚訟的焦點。

如果胡適活在今天，他也許又會向官員說：「變與不變，權不在克里斯多夫，也不在克林頓。權在幾個人手裡。你們的政策的變與不變，全看這些無知的瘋子發瘋不發瘋！」上面已指出，用「瘋狂」來解釋中共的行為是不能成立的。所以我要為胡適的話下一轉語。美國政策變與不變以及怎樣變，其權不在美國，而在中共。但是中共露出它的凶暴本相則並不是因為他們「瘋狂」，而是出於求生的本能。從鄧小平開始，中共領導人對於美國「牽纏政策」的用意便看得一清二楚。他們看準了這個政策其實便是杜勒斯的「和平演變」的體現。但當時為了解除文革後經濟上的困境和國際上的孤立，同時更為了向華國鋒的「凡是派」奪權，鄧小平將計就計，表面上完全接受了這個「牽纏政策」。然而他內心則另有打算，這便是我一再講過的「經濟放鬆，政治加緊」八個大字，這裡不再重複。美國和中共自始便各懷鬼胎；這兩個鬼胎在最初幾年中雖能相安無事，最後卻畢竟逃不掉打架的下場。六四屠殺便是兩鬼公開較量勝負的結果。

這兩個鬼胎的根本差異在於美國企圖通過「全面牽纏」，使中共從經濟自由化走向政治自由化，而中共則只肯與美國進行高度選擇性的「牽纏」。中共堅定不移的原則是：凡是有利於「經濟放鬆」的，如吸引美商投資、爭取世界銀行貸款、與美國進行大量出超的貿易等，他們便和美國緊纏不放；但凡不利於「政治加緊」的，如天安門屠殺、人權問題、核試問題、對台灣實行恐怖主義等，他們便完全拒絕與美國有任何「牽纏」。換句話說，「牽纏」與否，其權完全操在中共手上，美國只有跟在後面轉的份。甚至在貿易談判、禁售核子技術給巴基斯坦和伊朗等問題上，儘管雙方已取得協議，中共也陽奉陰違，絕不受約束。所以美國的「全面牽纏」政策，自一九八九年以來事實上已成為中共予取予求的一個方便之門。今天美國人已大致看清楚了中共的本來面目，最近輿論界一片「改變政策」的呼聲便由此而起。

稍稍熟悉中國共產黨歷史的人大概都對它的「喜怒無常」有深刻的印象。中共昨天的「笑靨迎人」今天可以忽然變作「橫眉怒目」。胡適用「瘋子」來形容他們便是因為不理解這一點。其實共產黨人的喜不一定是真喜，怒也未必是真怒，喜和怒的後面都經過了冷酷的精密計算。他們在有求於人或自覺力量還不夠克敵制勝的時候便「笑靨迎人」，但一旦估計自已的實力可以壓服對方的時候便一變而為「橫眉怒目」。但無論是「笑靨迎人」還是「橫眉怒目」，這都是出於共產黨人的一種「求生的本能」。這一點又可分作兩個層次來說：第一、作為一個集體，共產黨是古今一切權力組織中獨霸性最強的一種。通過暴力手段，它沒收了一切私人的生活資料，解散了一切具有獨立性的社會團體，將大大小小的各種權力完全集中在黨的手中。五十年代儲安平稱中共統治為「黨天下」，真是一語道破它的本質。正因為獨霸性強，黨的生存便成為宇宙間唯一的大事，因為對共產黨人而言，黨的毀滅和宇宙的毀滅是具有相等的意義的。所以為了黨的壯大和發展，他們隨時隨地，相機而動，有時候「笑靨迎人」，有時候「橫眉怒目」。第二、在個人的層次上，共產黨人在黨內能不能夠奪權和掌權也是宇宙間第一大事。林彪說：「有權便有一切，沒有權便沒有一切」，這確是他的「悟道有得」之語。據說他為了奪取黨內的最高權力，曾寫下了「悠悠萬事，唯此為大」兩句古語以自警。無論真相如何，這是共產黨求生本能在個人層次上的強烈表現。為了在黨內求生存，最高一級的領導人在權力爭奪時期（如今天），便不能不在重大問題上表態。他們根據個人的估計與判斷，對於問題提出自以為是「正確」的看法，有的緩和，有的激烈。這在他們的黨史上則美名曰：「路線鬥爭」。緩和的往往出之以「笑靨迎人」，如所謂「江八點」是也；激烈的便不免「橫眉怒目」，如飛彈演習是也。

誠然，由於「開放」和「改革」的關係，今天中共對於大陸人民的經濟控制已遠不能與毛澤東時代相提並論，民間社會也有開始復甦的跡象。普遍的腐化更大大削弱了黨的控制能力。但是正因如此，中共對於政治權力的得失反而變得更緊張了，天安門屠殺便是明證。前蘇聯的崩潰尤其加深了他們的警惕。為了挽救政權的危機，中共不能不另找一個足以重建黨的威信的大題目。現在馬列主義已完全破產，在天安門屠殺以後「改革」也不能再提了。算來算去，今天只剩下一個民族主義的題目還可以大作其文章，在香港、澳門收回已成定局之後，中共自然便把「統一台灣」提到它的議事日程上來了。恰好中華民國在這個關鍵的時刻舉行總統直選，無形中對中共政權的合法性提出了尖銳的質疑。中共不遲不早，選擇了這個期間對台灣施行飛彈恐嚇，其故可耐深思。（《紐約時報》三月十日和十九日分別刊出專欄名家羅森梭 A. M. Rosenthal 和太平洋政策專家西格 Christopher J. Sigur 兩篇文字，前者論中共的恐怖主義策略，後者論中共恐嚇台灣主要是害怕民主選舉，這兩人的意見竟和我不謀而合。）

從歷史上觀察，中共的有形武力對於台灣的威脅遠不及它對民族主義情緒的操縱更為可怕。這幾年來中共一直在有計畫地、在大陸和世界各地挑動著中國人的民族情緒，而且相當成功。一百多年來中國人受盡了民族的屈辱。因此要求中國富強，在全世界受到應有的尊重，早已成為每一個中國人的願望。從第一次中日戰爭（一八九四－九五）到第二次中日戰爭（一九三七－四五），這是中國民族主義最為高張的五十年。我們可以說，在這段時期，民族主義匯聚了中國一切的道德力量。這一股巨大的道德力量最後竟完全為共產黨所操縱利用，而造成中國「史無前例」的浩劫。泊蘭尼（Michael Polanyi）曾深刻地指出，馬克思主義的吸引力來自它的「不道德的道德力量」（the moral force of immorality）。西方早期資本主義的殘酷剝削和不公平是馬克思主義的出發點；馬克思和恩格斯描寫十九世紀中葉的工人勞動狀況都是為了激動人們的道德熱情。（馬、恩所引用的資料都是過時的，專家已一一指出，姑且不論。）中共則自三十年代起集中全力挑動中國人在帝國主義侵略下的民族屈辱感，由此將中國人的道德熱情轉化為它的「革命」動力。所以，如果不是一九三一年九一八以後，日本對華侵略步步加緊，把中國人的民族主義激情推到最高峰，中共是不可能借「抗日」的旗號擴大它的勢力的。一九七二年日本首相訪問北京，向毛澤東表示以往侵華的歉意，毛澤東竟反過來「感謝日本皇軍的入侵，使中國革命能夠提早成功」。這是他得意忘情之餘真心話的流露。許多中國知識分子支持中共，並不是因為他們信服了馬列主義，而是因為他們相信了中共的「民族解放」的宣傳。馮友蘭回憶的兩個故事很有代表性：第一、北大有一位教授，去美國有很好的職業。但他聽說中共在長江扣留了英國石英號砲艦，興奮地引用毛澤東「中國人站起來了」那句話，立即束裝回大陸。第二、一九七一年中共進入聯合國，梁漱溟對馮友蘭說：「中國進入聯合國，標誌著中華民族和全世界其他民族處於平等的地位了，這是我們在一、二十歲的時候就嚮往的。毛主席的功勞無論用什麼字眼形容都不過分。」（見《三松堂自序》，頁一六四—五）

羡憎交織

這兩個故事不僅僅說明了民族主義激情的力量，而且更進一步透露了中國民族主義者的特殊心理，即必須用武力制服帝國主義，中國才能真正取得「平等的地位」。馮友蘭所說的「北大教授」是化學家傅鷹，他在「反右」時被打成「右派」，文革時被鬥很慘，所以馮友蘭不敢提他的名字。梁漱溟則是當眾受辱於毛澤東的人，而且表現得極有風骨。但在民族主義前面，他竟對毛五體投地。更奇怪的是梁不可能不知道，中華民國是聯合國的四個創始會員國之一（美、蘇、英、中，法國還是後來才加入的）。所謂「中國進入聯合國」不過是中共取代了中華民國的席位而已。何以他會如此的興奮異常？仔細一想便可知，他認為當初羅斯福歡迎中華民國參加「四強」（Four Powers），是美國「提拔」的結果，不是中國人自己用武力拚出來的（如參加韓戰），因此根本不算數。這種特殊心態也不始於毛澤東、梁漱溟這一代，吳稚暉（一八七四—一九五三）主張「以機關槍和外國人對打」，便出於同一動機。

這究竟是什麼樣的心理呢？社會學家格林菲德（Liah Greenfeld, *Nationalism: Five Roads to Modernity*，一九九二年）研究多國民族主義的發展提出了一個有趣的觀念，叫做「羨憎交織」（法文：ressentiment），即企羨和憎恨的心理交織在一起而又長期受到壓制，不能痛快地表達出來。這種心理是落後民族對於先進民族的典型反應。落後民族自覺它的地位應該和先進民族是完全平等的，但在現實中卻高下懸殊，因此一方面效法先進而好像永遠追不上，另一方面則滋長著憎恨先進的情緒而想打倒它。十九世紀的俄國對於英、法便是如此，馬克思主義在俄國的生根與成長便得力於「羨憎交織」情緒的大爆炸。這個「羨憎交織」的民族情緒在現代中國更為強烈。中國人一向以「天朝」自居，但百餘年來卻受盡各「先進國家」的欺壓。中國一向師法「先進國家」不遺餘力，但又長期陷入可望而不可及的挫折感之中。

如果說許多中國人都有痛打外國人一頓，出一口惡氣的潛意識，大概不算很誇張。這種潛意識便是今天中國民族主義的基調。這種基調當然有時以比較文明的方式出現，並不一定訴諸暴力。例如我們常聽到的「二十一世紀是中國人的世紀」、「二十一世紀中國將成為經濟大國」、「二十一世紀中國將成為科技大國」，都可以看作「羨憎交織」的曲折表達。

以上只是分析中國現代民族主義的情結，不是下價值判斷。我要特別指出的是：五十年代和今天的海峽危機都與這種民族主義情緒有密切的關係。「羨憎交織」的民族情結使不少中國人期待中國變成帝國主義式的強國，在國際上耀武揚威，為自己吐一口氣，這是「羨」的情緒的表現。他們更願意看見中國用武力打敗西方強國。所以中共參加韓戰，和美國居然打得相持不下，他們是引為驕傲的，並以為中國的強大已得到了證明。這是「憎」的發洩。在五十年代初，留美的中國知識分子中便有不少這樣的人。一九五二年四月二日胡適在波士頓的遠東學會年會上宣讀了一篇〈從門戶開放到鐵幕〉的論文，內容自然是反共的。他在《日記》中說：

> 讀了之後，即有中國親共的學生兩人（原註：一為趙國鈞，一為　　）站起來質問反駁，其一人「氣」得說話四面打旋！其一人問，「你不信中國現在比從前強（stronger）了嗎？」我說：「No!」他又說：「中國不比從前更獨立了嗎？」我大聲說：「No!」

這段記事極為有趣，也極為生動。胡適只知道其中一人是趙國鈞，另一個人的名字則留著空白。我在好多年後曾聽到過這個故事，知道第二人便是去年死去的王浩。[2]王浩很容易生氣，而且「氣」起來說話確是「四面打旋」，我自已也曾領教過一次。所以我可以完全斷定這「四面打旋」的必定是他。趙國鈞是學農業經濟學的，人很誠懇而認真。一九五五年秋天，他曾約我長談一次。那時他正準備回大陸，因為我從香港來，他想知道我的觀察。我雖然力勸他不要輕信宣傳，但他的決心已不可動搖，不久就回去了。幾年以後我才知道，他回去之後，理想很快幻滅，終於又離開大陸，前往歐洲。他的最後結局是一個悲劇，在歐洲跳火車自殺了，王浩和趙國鈞左傾則有之，但都不算是馬列主義的信徒；他們傾向中共主要是出於「羡憎交織」的民族主義。

與五十年代相比，今天中國人「羡憎交織」的情緒則更激化，也滋長得更普遍。這裡涉及好幾層原因：五十年代正是冷戰尖銳化的時期，意識形態的分野超越了民族的界線，中國民族主義者對於認同中共統治下的中國還不免有所躊躇。今天已是後冷戰時期，許多人只看見中國，而不大注意共產黨所代表的極權體制了。第二、五十年代中共正在執行「一面倒」的政策，奉蘇聯為「老大哥」。這對於中國民族主義者的認同多少還構成一種心理的障

2編註：王浩是知名數學家、邏輯學家、電腦科學家。正想回去「建設新中國」時，父親已被打成右派，才留在歐美發展。

礙。今天國際形勢已大變，蘇聯解體了，十二億人口而又擁有核子武器的中國大陸顯然成為唯一可能與美國爭世界霸權的大國。這對於中國民族主義者是一莫大的鼓舞。三年前我在明尼蘇達大學講演，正值中共的最大的氫彈試爆成功。我在明大校園中遇見一位來自台灣的留學生，他的興奮簡直到了手舞足蹈的境界。這個深刻的印象使我至今不能忘記。第三、五十年代的中共雖然給不少人以「強」的印象，但距離「富」之一字還遙遠得很。但最近兩三年來，中國大陸好像突然從窮光棍搖身一變，成了世界上最大的暴發戶。無論如何，從台灣、香港，到日本和西方各國，企業家都搶著去大陸投資。這樣龐大的游資在市場上流動，再窮的國家也不能不變「富」了。一個既「富」又「強」的中國，自然是民族主義者夢寐求之的境界。

另一方面，台灣在四十六年後的今天更經歷了重大而基本的變化。除了「經濟奇蹟」早已為世所知外，這一次的總統直選則為民主制度的全面落實奠定了堅固的基礎。這一期的美國《時代》周刊也承認台灣在「經濟奇蹟」之後，又創造了一個「政治奇蹟」。我們稍一回顧四十六年前的情況，今昔對比實在是驚人的。一九五〇年時，台灣不但在經濟上依賴美援，在政治上更是處於一黨專政的戒嚴期間。尤其值得指出的是台灣在這半個世紀中已出現了一個相當成熟的現代公民社會，這次選民在飛彈威脅下的投票表現便是明證。

反台灣意識

但是這篇文字的重點不在討論台灣的成就，而是從民族主義的角度觀察海峽危機的今昔。所以我現在想簡單地談談台灣內部的民族主義的問題。在一九五〇年，台灣已存在著「外省」、「本省」之間的族群意識，本省人中大概已有不少人把國民政府視為「外來政權」，不過這種情緒在當時還不能公開露面而已。但拜民主化之賜，今天「台灣獨立」的主張已正式列入在野黨的黨綱了。「獨立」與「統一」的政見同時在選舉中競爭，是不是表示今天台灣內部的族群分歧比一九五〇年時更為嚴重了呢？我的看法恰恰相反。族群分歧的明朗化，呈現到理性論辯的層面，遠比停留在暗潮洶湧的狀態所蘊藏的危險為少。現在我們要進一步澄清的問題是：這個族群分歧究竟屬於什麼性質？無論從種族、語言、歷史背景，或文化源頭說，所謂「本省人」和「外省人」當然都不能說是兩個不同的「民族」。「外來政權」的感覺主要起於國民政府最初接管台灣的嚴重失誤。一九四二年春天蔣廷黻曾向友人表示他在勝利之後希望到台灣任省主席。[3] 他的理由如下：

3 編註：蔣廷黻是哥倫比亞大學歷史學博士，一九五八年當選中研院院士，專長中國近代外交史。講話時人在重慶，是代理行政院祕書長。一九四七後先後擔任駐聯合國代表、駐美大使，一九六五年過世。

台灣自甲午以來即為日本的殖民地，戰時又受到許多破壞，台灣同胞被日軍拉伕到別的戰場作戰的就不知有多少。

台灣光復後，政府有義務、有責任，好好為台灣同胞服務，為顢頇糊塗的清廷贖罪。

（陳之邁《蔣廷黻的志事與平生》，台北，傳記文學社，一九六七年，頁三七）

如果當時國民政府的「接收人員」能以「贖罪」的心情來為「台灣同胞服務」，我不相信台灣在過去半個世紀中會發展出如此嚴重的族群分歧。

我在六、七年前曾寫過〈民主乎？獨立乎？〉一文，指出民主是解決族群衝突的唯一方式。在台灣的中國人，不分本省、外省，唯有通過民主以認同於中華民國，才能為台灣的和平與安全提出比較可靠的保證。我的基本看法至今沒有改變，但當時我無法預見今天中共會利用民族主義的情緒來加深台灣內部的族群分歧。在當前的危機下，也許我的看法還值得大家平心靜氣地想一想。根據各種跡象來看，中共向台灣內部進行挑撥離間的主要策略是將「台灣獨立」的概念加以無限的擴大。台灣放棄中華民國的國號固然是「台獨」，中華民國在國際上進行任何擴大空間的努力，甚至僅僅宣稱擁有台、澎、金、馬等地的「主權」也都是「台獨」。更明顯的，最近台灣的學術機構曾召開過幾次國際學術會議，大陸的學者原來已接受邀請的，最後也由於中共堅決反對其中「國際」兩個字，終於不能成行。在台灣和大陸兩地的大學之間如果簽訂任何交流協定，中共也絕對不允許台灣的「國立」兩字出現在協定文件上。換句話說，中華民國只要在任何地方流露出半點自己是一個「國家」的意思，便不能免於「台獨」的嫌疑。「台獨」概念放大到這種程度，我不知道今天在台灣的人究竟還有誰不是「台獨分子」？又怎樣才能避免「刺激」中共的「敏感」？遠在六四以前，中國大陸上好幾位訪美的學人曾對我說過：中共當局認為主張「台灣獨立」的人是「小台獨」，而沿用中華民國稱號的國民黨則是「大台獨」。那時中共對「小台獨」絕對不能容忍，對「大台獨」則暫時視若不見。今天中共顯已將「大」、「小」兩種「台獨」併案處理了。

但中共離間的狠毒之處並不在此，而在其後面的一著。這個後著是台灣只要露出了「台獨」的傾向，它便要動武。而對於「台獨」一詞的解釋則完全由它作片面的、任意的裁決。這樣一來，台灣從官方到民間，勢必陷於人人自危的境地。任何人的任何一句話或行動都可能成為中共動武的藉口。依照它的估計，在擺出動武的姿態時，台灣內部必然互相指責，好像「錯誤」永遠出在台灣這一邊，而中共那一邊反而是「被迫動武」，以維護「民族大義」。當然，它更希望台灣方面有人忍無可忍，索性宣布「獨立」，那時不但台灣內部的族群分歧必然激化至沸點，而且它也「師出有名」了。

以上所說的自是中共的片面構想。以目前台灣的人心趨向而言，這個算盤似乎打得太如意了。台灣內部有政見的分歧，這正是民主社會的常態。我還沒有發現台灣有任何人願意接受中共的統治。但是從長期演變來說，中共以民族主義的情緒為挑釁的手段，以武力威脅為後盾，其潛伏的危險是不容忽視的。如果「統一派」越來越感覺「獨立派」所造成的政治、社會氣氛使他們存身不易，而「獨立派」也不斷懷疑「統一派」與中共互通聲氣，則雙方都將在不知不覺墜入中共的離間術中。這絕不是空喊「族群融合」的口號所能濟事的。最近我所聽到的有關族群衝突的故事都是在日常生活接觸中所發生的，而且故事好像層出不窮，越來越多。這些零星事件之所以不斷出現，大概和這幾年來台灣泛政治化的風氣有密切的關係。這是台灣社會的一個「間隙」，久而久之，中共特製的民族主義新武器未必不能發揮趁虛而入的作用。

中共所操縱的民族主義訴求並不止於「譴責」在台灣的中國人「分裂中國」；它還更進一步把所謂「分裂活動」和「外國勢力的干涉」緊密地聯繫在一起。這更是中共後著中最陰狠的一步棋。但這也不自今日始，早在一九五〇年代，中共便一口咬定台灣已為美國帝國主義所「佔領」。當時蘇聯的聯合國代表和周恩來都曾一再公開地作此聲明。不過今天中共因為已和美國正式建交，同時又貪圖對美貿易之利，故改「美帝侵佔」為「外國勢力干涉」而已。我為什麼說這是最陰狠的一著棋呢？因為這種說詞最能激動中國人對美國的「羨憎交織」的民族情緒。這次飛彈演習的緊張時刻，美國軍艦曾駛近台灣海峽，以防不測。不但中共立即重彈美帝武力干涉的舊調，而且我在電視上也看到了台北焚燒美國國旗的鏡頭。「一葉知秋」，台北的反應如此，海外華人（特別是大陸來美的人）的心理更不問可知。事實上，任何稍有常識的人都應該了解，美國無論如何也不可能為了保護台灣而和中共打仗，最多不過是以較新的防禦武器售與中華民國政府而已。但是「帝國主義侵略」或「外國勢力干涉」百餘年來已深入中國人的記憶之中，成為一個洗不去的符號；這個符號一經揮動，不管有沒有客觀事實的依據，都會在不少人的心弦上激起熱血沸騰的民族情緒。

過去半個世紀中，美國對台灣的影響之深而且廣是一項無可否認的事實，無論從經濟、文化或政治方面看都是如此。就這一意義說，台灣地區現代化的成就也未嘗不在很大程度上是西方化的結果。民族情緒濃厚的中國人對於現代化祇有憎惡，而決不會感到驕傲。我記得十多年前，台灣有不少知識分子已根據「依賴理論」痛斥台灣在經濟上淪為西方的變相殖民地。「依賴理論」即列寧的帝國主義論在七十年代的再版，代表了當時「反西方的西方主義」(anti-Western Westernism)的最新發展，所以最能滿足民族主義者的「羨憎交織」之情。今天民主在台灣開始全面落實，台灣似乎還沒有人公開表示異議。其實民族主義者（包括相信「依賴理論」的新左派）暗中厭憎這種美國式民主的未嘗不是沒有人在。他們很可能同意中共指責「台灣搞假民主」，不過迫於形勢，一時不便見諸文字而已。

這裡隱伏著一個更深刻的族群分化的危機，即在中共不斷地煽動之下，整個台灣會被民族主義者（也包括左派和新左派）視為「西方」的象徵，因而成為「中國」的「異己」(the wholly other)。從中共政權的立場上說，這正是它所最想得到的宣傳效果。因為這個觀點一旦流行，台灣現代化的一切成就如自由、民主、人權等便只有負面的意義了。其邏輯的推理是這樣的：台灣的「現代化」即是進入「西方帝國主義的世界體系」的軌道，因而越來越背棄「中國」，最後將無可避免地變成「中國」的對立面。我們不難看出，這正是今天中共政權所最需要的論點：對外可以理直氣壯地抵制西方的人權壓力，對內可以壓制民主的要求。

在民族主義者的眼中，台灣象徵「西方」在中國進行「和平演變」取得顯著成功的橋頭堡。這個看法不能不說是有相當事實的根據。如果他們再進一步相信台灣的「獨立」要求是出於「外國勢力干涉」的虛構，那麼一種「反台灣」的意識也未嘗不可能普遍滋長起來。這是現階段的中國民族主義中所蘊藏的最大危險，希特勒所運用的德國民族主義也起源於對「西方」的「羨憎交織」。但是為什麼反猶太人的意識（anti-Semitism）竟成德國民族主義的中心組成部分呢？這正是因為德國人把猶太人看成「西方資本主義」的象徵。德國民族主義者在沒有把握正式向西方宣戰之前，便先以屠殺猶太人來滿足他們「羨憎交織」的激情。所以今天已步入「西方」軌道的台灣和三、四十年代的德國境內的猶太人十分相似。「中國」內部絕不容許有一個象徵「西方」的實體存在。在中共的精巧運作之下，這個「反台灣意識」今天已隱約地形成了（「反台灣主義」在英文中將是「anti-Formosanism」）。這幾年來，新聞報導中關於台商在大陸的種種行為，也為「反台灣意識」的爆炸埋下了不少火藥，而更重要的，激烈的台獨意識的日益增高更是直接對反台灣意識火上添油。但是我所說的「反台灣意識」並不限於大陸，在海外和台灣內部也同樣存在。雖然各地區中國人的反台灣意識夾雜著許多不同的個人動機，但其總根源則在「羨憎交織」所激成的民族主義。

我在〈飛彈下的選舉〉一文已指出，今天中國的民族主義與一九四五年以前被侵略時代有本質上的不同。前期的民族主義出於民族求生存的自衛本能，其正當性與必要性是不容置疑的。現階段的民族主義則是進攻性，其目標是要使中國在世界上取代「西方」的主宰地位。所以「二十一世紀是中國人的世紀」才成為今天最能吸引各地中國人的響亮口號。這是「羨憎交織」的民族情結的具體表現。這種情結久已盤踞在不少中國民族主義者的心靈深處，不是中共所能炮製得出來的；問題是中共為了延續其政權的生命，正在多方面挑動並操縱這個最具威力的情結。這又和希特勒當年運用德國人的民族情結以推銷其「國家社會主義」，先後如出一轍。最近有一部研究希特勒屠殺猶太人的專書《希特勒心甘情願的劊子手》，作者 Daniel Jonah Goldhagen 詳細舉證說明：在這場絕大的悲劇中，無數普通的德國人都逃不掉劊子手的責任，不過有的親自行刑，有的縱容默許罷了。中共今天刻意發展「反台灣意識」是和它在大陸內部嚴防「西方」的「和平演變」精神上完全一貫的，如最近再倡的「反西方資產階級精神汙染」。將來如果因「反台灣意識」而發生另一次中國式的 Holocaust 大屠殺，普通的「中國人」也逃不掉劊子手的責任，但這場悲劇的導演則將非中共莫屬。

人民甘願為政權執行死刑

過去四十七年來，自「土改」、「鎮反」、「反右」、「大躍進」、「文革」到六四，中共直接間接消滅掉的中國人最少也在一億左右。台灣地區兩千一百萬的中國人在中共眼中是無足輕重的。是不是需要向台灣動武？什麼時候動武？動武到何種程度？這一切都要看中共估計其後果是有利還是有害於其政權的存在。半個世紀中，大陸每一次悲劇都是中共導演的，但每一次也都是無數普通的中國人同台演出的——他們也像普通的德國人一樣，心甘情願地為中共執行死刑。未來會不會出現「血洗台灣」的一幕（一九四九、五〇年時中共對台廣播中的話），則要看「反台灣意識」的發展普遍到什麼狀態。中共能在中國得勢絕不是偶然的，它的最大本領便是善於窺測人民群眾的情緒而將之導入它所預定的方向，以實現其隱藏的計畫（hidden agenda）。這是它起家的本錢，美其名曰：「走群眾路線」。幾年前有一位中共中、上級黨員曾當面告訴我：他聽過毛澤東在黨內一次高層會議中說過一句真心話：「所謂群眾運動，其實便是運動群眾。」這話在我聽來並不覺得意外，因為共產黨向來是強調「黨」領導一切的。在中共的日常語言中，「黨員」和「群眾」之間是領導與被領導的關係，這是絕不容顛倒的。前蘇聯作家法捷耶夫的《青年近衛軍》小說，初出版時曾受到普遍的讚美。但不久有人指出，小說中的一群抗德青年居然是在沒有布爾什維克黨領導的情形下，自動組織起來的。不但法捷耶夫受到嚴重的懲罰，小說也從此成為禁書了。毛澤東將蘇共「群眾運動」的手法和中國歷史上流寇脅捲飢民的傳統結合了起來，終於在戰後殘破的中國發揮了巨大作用，而對手的無能、貪婪、自私和腐朽則更把中共襯托得威風八面。戰後中國人的普遍心理是要求和平與民主，中共便將自己扮成世界上最愛和平與民主的集團。最先上鉤的「群眾」便是當時所謂「民主人士」和青年學生，這一批「群眾」在一九五七年差不多個個都打成了「右派」。

中共永遠不可能被迫接受任何「群眾的要求」，並依之制定它的政策。只有在某種群眾情緒恰好符合它奪取或保衛政權的需要時，它才主動地加以運用。但在它的隱藏計畫完成之後，首先遭殃的便是剛剛被它利用過的「群眾」。上述「民主人士」和青年學生不過是無數例證之一而已。

再舉兩個記憶猶新的例子。三十年前毛澤東利用紅衛兵發動文革，重奪失控的黨權，但在「橫掃一切牛鬼蛇神」得手之後，千千萬萬的紅衛兵便在「上山下鄉」的政策下被遣送到最落後的窮鄉僻壤，受盡地方幹部的凌辱。一九七八年鄧小平復出，為了向華國鋒奪權，指使手下的人在北京西單民主牆以大字報的方式向「凡是派」發動攻勢。當時黨外知識青年利用民主牆發表民主言論的（如魏京生）也都成了鄧小平一派的同盟軍。但在奪權成功之後，鄧小平在一九七九年春天便封閉了民主牆，逮捕了民主人士，並判了魏京生十五年的監禁。他在〈堅持四項基本原則〉的講詞中，把支持過他的民主牆和民主團體斥為「同台灣以及國外的政治勢力相勾結」（注意：這是我所說的「反台灣意識」的一個最早的信號。參看阮銘

《歷史轉折點上的胡耀邦》，八方文化企業公司，一九九一年，頁三七）。共產黨「群眾路線」究竟是怎樣一種性質，這兩個例子便提供了最清楚的答案。

現在代表中共官方發言的人，對於用飛彈阻嚇台灣選舉竟提出這樣的說詞：由於大陸的海外留學生和民眾有著強烈的民族主義情結，中共領導人才「被迫」而不得不對台灣採取強硬政策。這簡直是視台灣的讀者為嬰兒，才製造出這樣可笑的童話。六四前天安門廣場上有上百萬的民眾強烈地要求「民主」，各大城市也都群起響應，中共領導人為什麼絲毫不受「影響」，而下令屠殺呢？我已指出，在後冷戰時期，世界各地都有民族主義意識的興起（但其主流反而是要求「獨立」和「分離」），中國也不例外。中國民族主義的一般心理是要求超越西方，揚眉吐氣，這自然不是中共煽動起來的。但中共用盡一切心機，極力把這種民族情結導入「反台灣」、「反西方」的軌道，以阻止任何民主和人權的要求在大陸上再起，則是稍有大腦的人都不難辨識的（除此之外，中共恐懼西藏及其他少數民族地區要求獨立或高度自治，也是一個重要原因）。換句話說，中國人的民族情結本來可以有各種不同的表現方式，而今天之所以完全發洩在反台灣的問題上則是中共一手造成的。我也承認飛彈恐怖發生了一定的效果，即加深了大陸、台灣和海外的中國人的族群分裂。這一分裂也許大有利於中共政權的延續，但對於整個中華民族而言，是禍是福卻很難說了。

很顯然地，中共的極權統治正在轉型，它的意識形態已開始從斯大林式的「一國社會主義」轉向希特勒式的「國家社會主義」了。

我說中共政權轉向希特勒式的納粹極權，絕不是任意給中共換一頂帽子，更不是故作貶詞。從歷史觀點說，這左右兩型的極權主義，不但在權力結構上基本一致，而且在運作上也如出一轍，因此在價值上毫無軒輊可分。總之，二者同是德國傳統的雙生子，不過一個以「階級」為號召，一個以「民族」（或「國家」）為號召而已。只因馬克思是猶太人，不為德國人所接受，所以他在立說時才不得不把德國的「民族」改成全世界的「無產階級」。另一方面，德國民族主義者自十九世紀以來便以德國是西方世界的「無產階級」，因為他起步太晚，已無法和英、法等國爭奪殖民地了。（詳細分析可看格倫菲德，前引書，頁三八六－三九五），所以中共只要用「民族主義」代替「階級鬥爭」，便立刻可以由「左」的極權蛻化成「右」的極權，其餘一切都可原封不動。

大陸留學生的精采表演

我最近有機會親眼自到這兩、三年大陸來美的留學生的精采表演，使我不能不相信中共從「左」向「右」的轉化至少已取得初步的成功了。讓我先引一段美聯社四月四日從紐約州雪城（Syracuse）所發的電訊：

中國大陸人權鬥士吳弘達三日晚在雪城大學（按：即 University of Syracuse）發表演

說，聽眾中有許多人對他持敵對態度，約有四百人參加了吳弘達的演講會，他們中有許多是來自大陸的留學生。吳的講話不時被噓聲和口哨聲打斷，在演講過程中，吳在許多時候處於被動狀態。……在演講會之前，吳的一些批評者散發一些文章的複印件，這些文章對吳反對中共提出質問。在吳演講結束後，回答聽眾提問時，約有十二名聽眾輪流對他提出指責，質問其抨擊大陸勞改營制度的動機，以及所用證據的可信性。（見紐約出版《世界日報》一九九六年四月五日A2）

我注意到這一則新聞是因為它的描述和我四月二日下午在普林斯頓大學所見到的一場表演完全一模一樣。我已多年不去聽這一類的演講了，對於大陸留學生的精神狀態十分隔閡。四月二日吳弘達到普大來講「勞改」，我本來是不知道的。但是前一日主持講演的華裔美籍學生組織（亞洲太平洋學會）打電話給我，說吳弘達先生想會見我，我才破例去聽演講。我一進會場，便看到許多印好的傳單，攻擊吳弘達是「小偷」、「強姦犯」之類。同時會場上也有十幾名氣勢洶洶的大陸學生，都很年輕，分布在不同的角落，互相呼應。他們每次以怪聲阻撓吳的演講。但因有校警維持秩序，主席又一再警告，吳的講演還不算太被動，雖然噓聲、踢桌子聲、怪叫聲仍是此起彼落。演講一結束，吳開始答問，這十幾個學生便占住所有發問時間，使其他的聽眾完全沒有提問題的機會。吳在開講以前，問誰是負責發傳單的人，有一個大陸學生只好站起來承認負責，因為如果沒有人承認，傳單便無效了。吳當場表示要和他在法庭相見，控告他誹謗罪，並且拍了他的照片。這當然又引起一場喧鬧。

這種表演我在一九四八年的北平便已看過多次了。那時左傾學生在中共地下黨指揮之下常常用這個方式困窘親政府的教授。一九四九年秋季我在燕京大學的群眾鬥爭大會上更看到過這種布置，控訴的人事先安排在會場的不同方位上，此起彼落但又異口同聲地對鬥爭對象作最無情的攻擊，其最終目的是要把對方「鬥垮、鬥臭」。此後中共鬥地主、富農、右派，以至文革時的「牛鬼蛇神」也無一不是重施故技，不過越來越猖獗罷了。但是美國的一般聽眾畢竟和大陸上的「群眾」不同，他們無法適應這樣粗野的舉動。因此那天普大的演講，主席最後只好請校警將為首的搗蛋學生帶出會場。妙的是其餘十幾個學生在大叫大嚷之後也一齊站了起來，呼嘯而去。那天美國聽眾真是大開眼界，作夢也沒有想到會親自參加了大陸的鬥爭大會。我的一位美國同事問我：他們真是本校的研究生嗎？他們為什麼要用這種可怕的辦法呢？難道不怕造成美國人對中國的惡劣印象嗎？我笑著答他道：他們不是為你們而表演的，他們的真正觀眾並不在現場，不過自有人會報告上去。事後主持人也告訴我：他們在事前已接到幾十封抗議函，反對吳弘達到普大來演講，但信中的理由和措詞則是完全相同的。

上述十幾個大陸學生對吳的責難都集中在民族情結上，說他侮辱了「中國」。演講以後是聚餐，我坐在吳弘達的左邊，一張圓桌上圍了十幾個大陸學生，和一兩個美國和香港的學生，這些學生沒有那麼大的敵意，但都一致強調吳不應該「家醜外揚」（這是他們的原語），民族情緒的強烈仍然是不可掩的，只有那位香港學生對吳表示完全同情，他把「人權」的價值看得比民族的榮耀更重要。吳在談話中還特別提到台灣的民主選舉，認為這在中國史上是值得大書特書的，但是大陸的學生對此全無反應，好像是根本不值得一說的事。曾幾何時，大陸學生從慷慨激昂地爭民主、爭人權，反對中共專政，一變而為勞改營制度的辯護士、極權國家的積極支持者。

在上述兩次演講會上「鬥爭」吳弘達的大陸學生是有組織、有預謀的行動。他們並且事前通過電腦廣泛地發動組織以外的其他「群眾」。這些青年的背景我們也不必深究，他們是不是可以代表整個新一代的大陸知識青年，我們也無從判斷。但是可以確定的是他們的意識形態的基礎已毫無疑問地從「階級」換成了「民族」。再就飯桌上那群不願「家醜外揚」的學生而言，他們的民族意識更是明顯的。所以，對於今天中國民族主義又開始上升，我一點也不懷疑其真實性。我這次聽吳弘達演講的經驗恰好可以和上述胡適在一九五二年四月二日演講後受到王浩和趙國鈞的激動質問，互相印證（同是四月二日，也算是無巧不成書）。相隔整整四十四年了，而中國留學生渴望中國強大，與西方一較長短的心理，卻有增無減，這可見一個多世紀的民族屈辱感在中國人的集體記憶中留下了多麼深刻的印記，只要遇到某種外在刺激，或受到有計畫的挑撥，它便會重新浮現。

民族主義如果導向建設方面，自然是一股巨大的正面力量。一個現代民族的尊嚴主要表現在它對人類整個文明的貢獻上，例如安定而合理的社會秩序、富裕而公平的經濟狀態、學術文化的傑出成績，原有傳統的與時俱新等便是其中最主要的內容。這些都有共同的客觀標準可資衡量，不是自我吹噓可以虛致的。中國古人所謂「見賢思齊」、「望崖而生勝心」都可移用到民族的集體努力上面。這樣的例子無論在近代史或眼前的世界上舉目皆是。中共今天便決心走怕的毀滅性的力量。但是民族主義一旦與暴力結下不解之緣，它也可以成為最可第二條路，它企圖將民族的激情導入敵視西方的軌道，以轉移人民對內部腐化、貪汙、壓制等各種嚴重問題的注意。但由於目前在經濟上還需要美國的優惠國待遇，它不便公開與美國翻臉，於是象徵著西方的台灣便成為它的暴力恐嚇的對象，最近一年中，中共不但一再散布美國要搶走台灣這一類無根據的流言，並且把李登輝先生訪美渲染成美國支持台灣「搞獨立活動」。這次飛彈演習是為了阻止李的當選，則是毫無可疑的。

就我所知，美國各大學中的大陸留學生在獲得李高票當選的結果後，一個個氣憤填膺，搥胸頓足。儘管在美國代中共發言的人事後為之彌縫，說演習目的不在「具體的候選人」，但事實俱在，大陸學生的普遍反應已提供了鐵的援證。中共官方的態度雖不足重視，但是大陸留學生所表現出來的強烈的「反台灣意識」卻是一個不能掉以輕心的信號。中共已在兩岸中國人之間播下了互相疑忌和敵視的種子，弄得不好，可能世世代代都會延續下去。台灣海峽危機的深化和長期化從來沒有像今天這樣嚴重過。

想像中「敵人」的內在矛盾

上面我們對五十年代初和今天的海峽危機作了一番重點的對照。四十多年之間，無論是國際形勢或台灣與大陸兩地的內部狀況都已發生了基本的改變，有如隔世。然而海峽危機的根源卻依然如故。海峽會不會出現緊張甚至戰爭，不但美國一點都不能做主，台灣本身也完全陷於被動。緊張或戰爭的主動權仍是操在大陸上少數「瘋子」的手裡。但今天的「瘋子」已不是原來的「瘋子」，而是第二代了，難道政府瘋狂也會遺傳嗎？真正的答案當然只能在共產黨這個特殊的權力組織中去尋找。如果一定要借用胡適的「瘋狂」概念，我們也必須認識一個重要的事實，即這個「瘋狂」病先天地存在於組織的本身，而不在其中個別的人。因此只要中共黨組織的本質不變，它的「瘋狂病」的發作便必然具有不可預測性。這個權力組織的最大特色是它在消極方面決不能容忍對它構成威脅的一切有形和無形的力量的存在，因此不擇任何手段以消滅一切「異己」，甚至連黨內提出「異化」的說法也必須加以鎮壓；在積極方面，它則在每一階段都尋找其想像中的「敵人」的內在矛盾，並煽動當時一切可以被煽動的輿論力量以醜化「敵人」，美化自己。中共今天能夠利用民族情緒便是因為它偵察到台灣內部出現了深刻的族群分歧。

通過今昔的對比，我現在更能確定中共處心積慮要併吞台灣，四十多年來始終沒有絲毫改變。唯一的不同不過是昔日名之曰「解放台灣」，今日稱之為「統一」而已。今昔尤其相同之處則是如果逼降（今日也美其名曰「和平統一」）不成，最後必訴之武力。這幾年來無數智謀之士紛紛獻計，提出各種「和平統一」的方案。我讀過之後，真是佩服得五體投地。不過欽佩之餘，總不免有一點疑惑：中共當權派的人恐怕正在暗中冷笑吧！我是學歷史的人，多少相信「前事不忘，後事之師」老話。讓我引一段五十年代中葉國際調解海峽危機的教訓，作為今天局勢的參考。

一九五五年一月，由紐西蘭駐聯合國代表的提議，安全理事會曾通過了一項海峽兩岸終止戰爭狀態的決議案。聯合國祕書長哈瑪紹因此發函邀請中共派代表到安全理事會來討論停火的具體辦法。二月三日周恩來有一封措辭極其強硬的覆信，不但拒絕參加討論，而且譴責紐西蘭的提案是「干涉中國內政」。周恩來說：美國自一九五〇年起便已「佔領了台灣」，又說：「中國人民行使解放自己領土的主權完全是中國的內政。」（英文原信見《紐約時報》一九五五年二月四日）紐西蘭討好中共的提案自然就無疾而終了。中共今天的態度完全師承周恩來當年的聲明，一點也沒有走樣。我敢斷言，只要中共政權的基本性質不變，它對「統一」台灣的底線是永遠不會移動的。因為任何領導人敢違背「祖宗遺訓」，稍作「軟弱」的表示，他的權力便立刻會被他的黨內政敵所取代。打穿後壁看，中共今天不過是利用民族主義以製造輿論而已，它的真正意圖應該是不難研判的。所以我希望今後智謀之士在另起構想的時候，至少要先讀一遍周恩來的這篇聲明。

最後我必須鄭重說明，我是絕對不願看見海峽出現戰爭危機的。但是主觀上不願意戰爭是一回事，客觀上會不會發生戰爭則是另一回事。首先我們必須弄清楚：戰爭的可能根源究竟在哪裡？本文的歷史觀察對於這個問題已有相當明確的啟示。總之，海峽情勢是緊張還是和緩？是戰爭還是和平？其權不在台灣方面，也不在美國方面。中共已一再宣言，它不僅反對「一中一台」（小台獨），而且也同樣不能容許「兩個中國」（大台獨）的存在。所以在台灣沒有取消「中華民國」的國號，自動降級為地方政權之前，中共發動海峽戰爭的可能性是隨時都存在的。那麼台灣方面對於和緩海峽情勢究竟能不能有所貢獻呢？能是能的，不過極其有限。台灣最多只能盡量避免供給中共以動武的藉口而已。但這又是防不勝防的事，因為中華民國在國際上爭取空間的任何努力，都可以成為中共「發瘋」的藉口。這是今天海峽危機的基本形勢。

從表面上說，中共在海峽危機中不但握有主動權，而且恃強壓弱，佔盡了優勢。所以這次飛彈與選票齊飛之後，中共官方特別向海外和台灣傳達下面幾點訊息：第一，中共可以隨時用武力征服台灣，美國決不敢輕舉妄動。第二，大陸已進入鄧小平以後的時代，內部已沒有繼承權問題。台灣若再不歸順，便只好「敬酒不吃，吃罰酒」。第三，中共根本不怕台灣的民主化，因為它有足夠的武力可以消滅任何民主的要求。香港民主選出立法局已被宣布無效，「台灣地方政府的選舉」只要「解放軍」一到，也自然會煙消雲散。第四，中國的民族主義者支持中共「統一」台灣的政策。

這幾點宣傳攻勢不能說毫無「事實」的根據，但其中每一項「事實」都未完成，仍有待於未來的「實踐檢驗」。所以此時與中共作口舌之爭是毫無意義的。我在這裡只想從歷史的觀點提出一個簡單的看法，即人的智力終有所窮，尚未發生的世變是不可能完全計算清楚的。中共今天的整個估計都建立在「強必勝弱」、「大必勝小」的假設之上，它完全忘記了自己從前在既弱又小的時代所根據的是另一套相反的假定和邏輯推理。毛澤東在延安時代曾以「小米加步槍」自傲，又大力宣揚過「赤壁之戰」、「淝水之戰」等弱勝強、小勝大的戰役。難道歷史女神竟如此鍾情於中共，隨著它的弱或強而隨時改變戰爭的規律麼？

過去國民黨在大陸上的失敗是由於自身的腐化，以致失盡了民心。今天中共政權的腐化早已超過國民黨當年的程度。何況中共統治集團內部，有中央與地方的矛盾，富省與窮省的矛盾，黨組織與槍桿子的矛盾，姓社與姓資的矛盾，各種派系間之矛盾……，這些都不是美麗的語言所能掩蓋得住的。中共儘管對外宣傳「繼承問題」已經解決，但是我們親眼見過馬倫可夫[4]和華國鋒的起落的人，對於極權體制的所謂「穩定性」終不免還要等著看一看。極權的權力結構先天地要靠一個強人才能運作自如，「集體領導」只是「權力鬥爭」的同義語。今天誰是中共的強人呢？

但是中共內部無論有多嚴重的危機與分歧都絲毫無助於台灣安全保證。事實上，這裡存

4 編註：馬倫可夫（Georgy Malenkov）在斯大林過世後曾擔任蘇聯領導人，與赫魯雪夫鬥爭失敗而下台。

在著一個詭論：在中共有強人作主、內部比較穩定的時期，它進攻台灣的可能性反而相對的降低。這是因為強人必須仔細計算軍事冒險對他的利害得失，因此他的行為是比較理性的。一九五八年八月毛澤東下令炮轟金門，在外面的人看來，似乎又是一次「發瘋」。其實毛澤東並無用兵之意，當時台灣在《中美共同防禦條約》的保護之下，中共也沒有攻台的能力。現在我們知道，毛澤東那時正在和赫魯雪夫爭共產國際的領導權，他故意用金門炮戰來打亂蘇聯與西方「和平共存」的新政策。今天中共已沒有在重大政策上可以收發自如的強人，在各種勢力爭奪領導權的過程中，失控的可能性大為增加，如果中共政權發生類似前蘇聯或東歐型的變動，其歸趨更難逆睹，恐怕台灣未蒙其利，先受其害。所以台灣的安全決不能寄託在中共的崩潰或解體這一幻想之上。

認真地說，大陸的變化，甚至美國的政策都不是台灣所能左右的，台灣最能使得上力的地方還是怎樣調整和創新內部秩序。這次民主選舉為台灣社會的合理化奠定了一個架構上的基礎，但怎樣在民主架構下進一步去解決許多實質的問題則還有待未來的努力。我這篇文字主要是從民族主義的角度分析兩岸危機的今昔，所以我願意回到這個特殊的角度結束我的觀察。

族群分歧今天仍是台灣社會的嚴重問題，在中國民族主義情緒受政治撥弄而高漲的時刻，在台灣的中國人似宜盡最大的努力避免使族群分歧走向「民族主義化」。換句話說，台灣如果出現「本土民族主義」和「外來民族主義」的對抗形勢，則不僅內部永無安靜的一天，而且也將激出兩岸中國人之間的長期敵視。大陸上的中國人同樣是中共極權統治下的受害者，他們的處境較受飛彈威脅的兩千一百萬中國人更值得同情。民族主義決不應成為今天中國人的最高價值。中國人百餘年來所共同追求的是一個文明的、法治的、合理的、公平的社會秩序，在這個新秩序中，每一個個人的人權、自由、尊嚴、安全等都受到法律的保障，這只有民主的制度才能提供。無論是大陸或台灣，今天都已不存在「帝國主義侵略」的問題，民族主義的激情是有害無益的。所以我相信，台灣內部的族群分歧只有通過民主的方式才能逐漸消解。一般都承認，民主的精義不但是「少數服從多數」，而且也包括「多數尊重少數」，二者缺一不可。台灣地區的全面民主化現在才初步落實。以我所見，台灣的民主到現在為止僅僅實現了「少數服從多數」的部分。今後的課題則是怎樣確立「多數尊重少數」的原則。僅僅是「少數服從多數」仍可以流為「多數的專制」（tyranny of the majority），不是民主。「多數尊重少數」才真正體現了「寬容」的精神。「你說的話我一句也不贊成，但是我要拚命為你爭取說話的權利。」這是兩百多年前的一句名言，但今天仍然具有重大的意義。「寬容」可以使台灣社會產生真正安定的力量，這是中華民國的安全的內在保證。能做到「多數尊重少數」，中共的民族主義的挑撥將無所施其技。

海峽危機也許一時還不能完全化解，但以今視昔，台灣方面應付危機的能力已大為提高了，因為它有了民主。這是歷史給我們的一個重要的啟示！

【編按】

本文從一九九六年五月九日開始在《中國時報》的〈人間〉副刊連載，一連七天，五月十五日刊完。

此文很多段落是在回應王紹光三月三十日發表在《中國時報》的〈知己知彼始能消除兩岸迷思〉，除了本文所摘錄「中共官方特別向海外和台灣傳達」的訊息都來自〈知己知彼〉一文，另外余英時五月二十日發表的〈理強勢弱與以理造勢〉亦包含以下文字，明顯指向〈知己知彼〉：

儘管在海外與台灣的一般看法中，飛彈恐嚇對於中華民國的總統直選是失敗的，但是中共官方則另持一套不同的邏輯，因而也得出了完全相反的結論。前些日子我在台北報紙上讀到一篇大陸留美作者的分析，這位作者現在代表中共官方的觀點是人盡皆知的。據他說，飛彈演習事實上已達到了它的預定目的，即阻嚇了「台灣獨立」的票源。這位作者更進一步警告台灣，大陸根本不重視台灣的民主選舉，而且民主也不能對台灣的安全提供一絲一毫的保證。大陸的鄧後時代已經開始了，今天舉國一致要解決「一個中國」的問題。台灣如果不肯就範，中共一定會動武的。戰爭的結局不問可知，大陸雖然也必須付出很高的代價，但對於台灣而言是毀滅性的下場。

王紹光此時是耶魯大學政治系助教授。

余英時文章引來大陸官方一篇〈淺析余英時的兩岸統一觀〉，副標〈兼論美國極少數反華勢力干涉海峽兩岸統一的謬論〉，刊登在七月八日出刊的《瞭望》新聞周刊，一九九六年二十八期。在作者章念馳（章太炎的孫子）筆下，余英時既「充當反華仇華勢力的急先鋒」，又「充當台灣當局領導人的教頭」。章念馳當時是上海市台灣研究所副所長。

台灣較有代表性的回應則是朱高正〈而今舉國皆沉醉，何處千秋翰墨林〉一文，發表於八月號《歷史》月刊。朱高正當時是新黨立法委員，他指責余英時「附和西方的『中國威脅論』」。

九七思前想後

上：思前篇

香港回歸中國是長期以來中國人的共同願望。一九四五年一月太平洋學會在美國維琴尼亞州的溫泉開會，當時中國代表團成員之一張忠紱便說明香港是中國的土地，最後必須歸還中國。他盼望英國能一本戰時合作的精神，早日與中國政府商談歸還的具體辦法。英國代表起而抗議，因此展開了一場激辯。事後中國代表團團長蔣夢麟，代表吳文藻、葉公超等都一致表示支持張忠紱的立場。這個代表團是官方派遣的，由此可見當時朝野對於收回香港的問題早已有共識，不過在戰爭未終結以前，一時尚無暇也無力付諸行動而已。[1]

一九四九年中共奪得政權的時候，本可以一舉而收復香港，但也由於外交和經濟上的種種利害計算，而錯過了時機。八十年代時如果不是英國人拘泥於新界租界期限的法律條文而提出續約問題，香港的回歸也許還要拖延下去，但問題一經正式提出，中共便不得不把收回香港提上議事的日程了。

我追溯這一段經過，是要說明香港在今年七月一日回歸中國這件事是由許多客觀的甚至偶然的因素所共同構成的。民族主義的原則雖然是背後的基本動力——即中國人長期以來的共同願望——但它在這件事的具體實現的過程中並沒有發生直接的作用。如果民族主義真是中國人在國際事務上的最高行動原則，超過任何其他一切的考慮，那麼收回香港決不應遲至今天，尤其不應該以一九九七為交接之年。為什麼呢？自孫中山革命以來，中國人便以「廢除一切不平等條約」列為爭取國家獨立的主要目標。舉凡清朝與列強所訂立的一切不平等條約和協定，在一九一二年以後都已失去了合法性。中國選擇什麼時候收回香港自然可以根據具體的歷史條件決定，但決不能以清朝所訂立的辱國條約和協定為合法的基礎。九龍、新界的租借發生在一八九八年，到今年期滿。現在交接之年恰恰訂在一九九七年，這便是承認一八九八年的租約是合法的。承認了這一點便等於承認在今年六月三十日以前中國一直自甘居於喪權辱國的地位。否則早一年或遲一年均無不可，為甚麼一定要遵守九十九年的協定呢？

也許有人會說，香港島本身是一八四二年通過《江寧條約》而割讓給英國的，現在中國收回的是整個香港，不僅是新界、九龍，這還不夠證明中共政權反對殖民主義是十分堅決的嗎？

但是這裡發生了兩個嚴重的問題：第一，果真如此，則中共更不應該接受「一九九七」

這個年分。一方面承認一八九八年中英租界協定的合法性，一方面又否定一八四二年《江寧條約》的有效性，此之謂進退失據。倘使中共確以消滅中國國土上一切具有殖民地性質的殘餘恥辱為最優先的考慮，那麼它在一九四九年以後的任何時間內都可以採取行動，不必偏偏要等到一九九七這個象徵恥辱的年分。印度在一九六一年不惜與西方帝國主義國家破裂，而以武力收回了葡萄牙在印度西海岸的戈牙（Goya）殖民地，那才是民族主義精神的真實表現。中共在二十世紀八十年代和英國交涉竟仍舊墮入老謀深算的老帝國主義所設下的陷阱，真令人不免啼笑皆非。我們可以斷言，將來英國史家筆下寫香港得而復失的經過，必然強調英國從佔領香港到退出香港都是合法而來、合法而去的。這是中國人因無知而為帝國主義塗脂抹粉的一個最可悲的例子。

第二、第二次大戰以後，歐洲勢力的衰落是一個最顯著的現象。亞洲和非洲各殖民地人民的普遍抗爭逼得歐洲各帝國主義國家一個個從這些地區撤退。以亞洲而言，英國之於印度、法國之於越南和荷蘭之於印尼尤其是最明顯的例子。從一九四五年到一九六〇年總共有四十個國家擺脫了殖民地的統治，獲得了獨立的地位，總人數在八億左右，佔當時全世界人口的四分之一以上。從此以後，取消殖民地（decolonization）已成為聯合國共同接受的基本原則。英國最善於見風轉舵，早就不斷推動它在亞、非地區的殖民地走向獨立。這並不是強盜忽發善心，而是它眼見大勢已去，不如變被動為主動，事先作好獨立的安排，以圖延長它在這些舊殖民地的影響。一九七二年，聯合國發起了「取消殖民地」的號召，擬好了一個正式變殖民地為獨立國家的名單。在英屬殖民地中除非洲的羅德西亞（Rhodesia）和貝專納蘭（Bechuanaland）之外，亞洲的香港也赫然名列其間。可見英國政府見機甚早，二十五年前已準備改換香港的國際身分。但由於剛剛加入聯合國的中共施加了重大的壓力，英國最後不得不悄悄地把香港從名單中剔除了[2]。英國此舉當時對香港人民是保密的，因此鮮為人知。但中共是深知底蘊的，也竟然不動聲色，更不曾乘機提出收回香港的要求，尤令人無從索解。所以一九七九年港督麥理浩（Crawford Murray MacLehose）最初向北京試探續約的可能性時，英國政府大概鑒於一九七二年中共的曖昧態度，不免存有僥倖的心理。但他們完全不懂得中共的一貫作風和中古禪宗大師教門徒的心理一樣，其關鍵只在「不說破」三個字。正式通過法律途徑商談續約便是「說破」了，一「說破」中共便只有戴上另一副面具與世人相見了。但中共明知英國在一九七二年便已有改變香港殖民地的身分的動議，然而仍然要將收回香港的日期定於一九九七年，無論如何是難以自圓其說的。

從以上的歷史回顧中，我們只能獲得一個最近情理的假定：中共對於收回香港一事自始至終並無成竹在胸，所以一直表現出一種猶疑不定、能拖則拖的態度[3]。「香港回歸祖國」今天已被渲染成全中國無上榮耀的大事，而一年以來，「一九九七年七月一日」更被說成中國人天天盼望的「大喜的日子」。從長期的歷史發展來看，這些說法自然是有根據的。但後世讀史者恐怕不可避免地會發生一個疑問：為什麼這樣一種關繫民族榮辱的大事，中國方面從來沒有主動地爭取過，一直要等到英方提出續約要求時才作出回應，而「回歸」的日期不遲不早，一定要選在九十九年辱國協定期滿的一九九七年呢？

下：想後篇

一九九七年七月一日香港回歸以後的前景究竟如何？這個問題十幾年來不斷有人提出，也一再有人給予種種不同的回答。但在我來說，這屬於預測性質，所涉及的未來變數太多，根本不能有確定的答案。我現在所能做的只是選出目前已知的若干比較重要的因素，略加分析，使讀者可以根據自己的判斷，得出自己的結論。

第一，關於「一國兩制」。這是一個意義模糊的概念。根據中共最初的正式文件〈對香港基本方針政策的具體說明〉，其涵義是「香港特別行政區成立後，不實行社會主義制度和政策，保持香港原有的資本主義制度和生活方式，五十年不變」。但一九八七年四月十六日鄧小平對香港《基本法》則表示下面四點意見：一、宜粗不宜細；二、不搞「三權分立」；三、不搞普選；四、對特別行政區，中央要管一點[4]。這兩個不同的版本自然都是鄧小平一個人決定的，前者是原則性的概括，後者是具體的實施。兩者相較，便可見後者基本上掏空了前者的字面意義。別的不說，只要「中央要管一點」這一句「但書」便可使「香港原有的資本主義制度和生活方式」黯然失色。後來由於所謂「本子風波」，」更發生了「五十年不變」從哪一「年」算起的問題。

通常我們提到「一國兩制」時，不免有一種幻覺，好像「兩制」是處於平等、平衡的地位。但稍一沉思，便不難發現，香港的「制」是暫時依附在大陸的「制」之下的，正如《基本法》不過是中共憲法中的一個臨時「附件」而已。如果「中央」還可以隨時「管一點」，那麼香港這「制」的脆弱就可想而知了。

第二，今年四月中我在德國，讀到歐洲英文報紙上關於香港原有的「公民自由」已正式為即將上任的特區行政長官，通過一種「立法程序」作了大幅度的修改，歐洲報紙對此給予了顯著的報導。回到美國以後，報紙和電視更有深入的採訪和分析。現在看來已成定局，即集會遊行、反對黨活動以至對中共的批評等自由，在七月一日以後或將不復存在，或將受到嚴格的限制。凡是對於共產黨，特別是中國共產黨稍有認識的人，對於這些變化是一點也不會感到意外的。鄧小平當初雖有收回後香港報紙還可繼續「罵共產黨」的諾言，但這終究只是他個人的興到之語，在法律上毫無根據。現在鄧小平已死，此言已無人負責。何況從毛澤東開始，中共領導人的「諾言」，其性質久已為世所知，因此大概也不會有誰傻到一種程度，竟把它當真。事實上，早在一九九〇年初，江澤民已關照即將赴任的新華社社長，要他改變香港的反共輿論，意即控制香港的言論自由[5]。這在香港收回之前是不可能完全辦到的，但今年七月一日以後必可逐步實現。從最近香港言論界所表現的「自律」傾向來看，今後香港文化和新聞界的生態勢將全面改觀。這一點似乎已沒有懷疑的餘地。

第三，香港的「資本主義制度」會不會改變呢？這要看我們對「資本主義」怎樣下界說（definition）而定。就目前大陸的發展傾向說，中共大概不會像一九四九年以後對待當時「民族資本家」那樣，在兩三年內便沒收其資產，進行「社會主義的改造」。這不是由於有「五十年不變」那句不值錢的書面保證，而是由於中共黨內上上下下都已嘗到了「錢」的甜味，而且許多高幹本人及其子女也已響應了鄧小平的號召，變成「先富起來」的那「一部分人」了。一九七九年鄧小平「請香港的投資者放心」那句名言，當時似乎未取得預期的效果。但這十幾年的對外「開放」，特別是一九九二年「商業潮」興起以後，私營企業的空前活躍已基本上改變了中國大陸的經濟體制。香港的「投資者」已看出這一趨勢不大可能逆轉了。

中共自八十年代初即通過香港的新華社向本地的「富豪」進行全面統戰，而香港工商界越是有錢的人便越是願意和中共合作。他們眼看政治主人即將從倫敦換為北京，在「唯利是圖」的最高原則下，自然逐漸倒向中共。在中共的最初設想中，它必須取得香港社會上最有勢力的人的支持才能站得住腳，因此也打定主意先建立一個以「大資本家」為基礎的香港政權，而香港的「大資本家」當然也必須依靠中共的政治力量來阻止中、下層市民的民主要

1 編註：一九八四年〈中英聯合聲明〉發表後，港督開始規劃政改，新華社社長許家屯在一九八五年十一月二十一日舉行記者會指責港英「不按本子辦事」，是為「本子風波」。

求。因為一旦中、下層人民在民主選舉中取得多數，提高稅率、工資和實施大幅度的社會福利政策，這些大資本家的利潤便要受到嚴重的傷害了。在這種情形下，雙方自然一拍即合。一九九二年商業潮以來，大陸上「先富起來」的階級和香港「早已富了起來」的階級更如水乳交融，今天香港即將登台的行政和立法兩個部門便是這樣形成的。香港的「大資本家」根本沒有「民主」、「自由」之類的問題；他們既不會遊行、集會，更沒有甚麼特別的「思想」和「言論」需要「自由表達」。他們今後的唯一問題是怎樣取得北京新主人的寵信，增加自己在市場上運作的力量。早在八十年代中共的新華社已特別運用政治勢力解救某些「親中」的大資本家的困難，故當時已有「政治救火隊」的稱號，並且引起「違背自由市場規律，可能對自由市場起破壞作用」的批評[6]。但這還是出於「公」的考慮，至於「講關係」、「走後門」之類的「私」的活動，更是難以估計。後一類的活動在「回歸」後必然日益猖獗，則是可以斷言的。

總之，由於中共本身已走上了「資本家化」的不歸路，香港的「資本主義制度」確是安全的。至於香港原有的自由市場是不是還能保持它的「自由」性質，則是一個難以回答的問題。今天中共不但在大陸、香港專門和「大資本家」結成親密盟友，即在全世界範圍內也是如此。以美國而論，今天為中共在白宮遊說的正是政界和企業界的主流力量。以季辛吉（Henry Kissinger）為首的一個組織包括了四個卸任國務卿和五、六個卸任國家安全委員會的高等顧問，他們的後面則是無數規模最大的跨國公司。正是這一群人，為了擠進大陸的市場，全力以赴為中共爭取最惠國待遇，呼籲美國政府必須放棄一切「人權」的要求，以改善「中美關係」[7]。相反地，從「人權」立場上批評中共政權的力量則主要是新聞界、學術界、文化界及一般知識分子。以馬克思主義的「階級分析」來說，他們不折不扣地屬於中、下層階級。而中共在美國的「盟友」則恰恰是「帝國主義霸權」的核心力量。總之，中共的支持者今天普遍是「大資本家」，這些人和中共一樣怕中國大陸發生任何「動亂」，因此也以「穩定」為最高的價值。所以我說，香港的「資本主義制度」在未來是安全的。

自鄧小平「經濟放鬆，政治加緊」的政策出世以來，中共近二十年都一直嚴格遵行，並且越走越遠。最近《紐約時報》一位專欄作家（編按：紀思道）曾指出：中共今天實踐的已不再是馬列主義（Marxism-Leninism）而是市場列寧主義（Market-Leninism）。這句話不但妙不可言，而且一針見血。但這樣一來，中共的經濟制度和政治制度也就分家了，變成了不折不扣的「一國兩制」。現在中共正在把這個「一國兩制」推行到即將回歸的香港。這也可以說中共忠實地履行了對香港的承諾。從七月一日起，香港的命運即將永遠和大陸的命運連為一體，香港的前途從此將寄託在大陸的前途之上。這是可以斷言的。

【作者原註】

[1]見張忠紱《迷惘集》（香港：吳興記書報社，一九六八），頁一七三—七四。

[2]一九九七年五月十二日《紐約客》雜誌的〈Letter from Hong Kong: Ghost Stories〉一文，作者Paul Theroux。

[3][4][5][6]可參看《許家屯香港回憶錄》上冊（香港聯合報有限公司，一九九三）頁八二—八三；一五一—五二；二二九；一三一。

[7]詳細資料看Richard Bernstein and Ross H. Munro《即將到來的中美衝突》第四章。

【編按】

原刊於一九九七年六月號《二十一世紀》。

香港的政治變局與社會變遷

今天開始寫此文是一九九七年六月五日，《紐約時報》恰好刊出了兩則有關香港的報導：第一篇見於第一版，是香港富豪向華府遊說，為大陸爭取最惠國待遇。他們說香港的未來形勢「一片大好」，叫美國千萬不要開罪「北京」；只要香港能維持「穩定」和「繁榮」，美國的企業界一樣可以「利益均霑」，美國至少已有一百一十家大公司在香港設有分支了。第二篇見第十一版，是關於六四晚上香港五萬五千公民手持燭光，坐在維多利亞公園的地上，悼念八年前的六四英靈。參加的人包括教師、牧師、工程師、學生、社會工作者、計程車司機、銀行職員等。總之，和前一則的新聞相反，這一場活動的主角代表了香港社會中、下層的人民。但這則新聞又說：香港紀念六四這也許是最後一次了。

我們如果想認真地了解七月一日以後的香港，必須同時注視以上兩則報導。簡單地說，香港的中國居民在政治意識上不但不是一致的，而且明顯地有兩極分化的趨向。以大資本家為主體的上層社會集團已順理成章地從依賴過去英國殖民地統治階級轉為靠攏北京的新主人。但以知識分子和一般上班族群（包括工人和計程車司機）為主體的中、下社會階層則要求民主自由和人權的保障，因此和中共當權派處於對立的位置。當然，在這兩極之間還有不少中間集團，這裡便不必一一分析了。今年七月一日以後，香港究竟是繼續保持「穩定」還是會發生一定程度的波動，基本上便要看這兩極之間的分歧朝著哪個方向發展；是加深呢？還是緩和呢？以「勢」而言，大資本家集團自然是居於絕對優先的地位，因為他們有一個強大的極權政權為後援。但以「理」而言，香港的中、下層居民對於民主、自由、和人權的強烈要求畢竟具有「此心同、此理同」的普遍性，並不是僅靠所謂「亞洲價值」、「中國式人權」或「中國式民主」這類新興的說詞便能一筆勾消的。

而且香港居民早已形成一個自由生活方式的傳統，與大陸人民長期受極權暴力摧殘壓抑的背景終有所不同。今年六四之夜竟然還有五萬五千人奮不顧身而持燭靜坐，這便說明他們是不會在七月一日以後自動消失的。除非天安門的屠殺重新在香港上演。

中共八十年代初和英國談判「收回香港」問題時便已擬定了一套在香港「統戰」的嶄新政策，即專以大資本家為爭取的對象。一九七九年鄧小平傳給香港的第一句話——「請香港的投資者放心」——已為新「統戰」定下了基調。正式執行這一政策的則是一九八三年任命的新華社香港分社社長的許家屯先生。現在許先生為我們提供了一部可信的第一手史料《許家屯香港回憶錄》，使我們在討論中共的香港政策時有確實的根據。關於中共爭取大資本家的基本路線，下面幾條記述表達得十分清楚：

總之，未來的「港人治港」，其性質是資產階級為主體的各階層聯合政府。（頁一二一）

繁華穩定香港，我領會中央意圖，首先要把華人資產階級中的大資本家穩定下來。（頁一二七）

八三年深圳工委擴大會，我在政治報告中指出，統戰工作主要爭取的對象，是中間階層，亦即中產階級。為打開香港的統戰工作局面，必須從大資產階層突破。（頁一三二）

許先生在香港六年多的任上是認真而且相當成功地執行了這項新政策的。他親自擬的十多名對象，用他自已的話說，「都是華人大資本家中的頂尖人物。」（頁一二九）

中共為意識形態所拘限，自然不能公開認同於大資本家而置中下階層於不顧。因此許先生《回憶錄》中也記載了一些爭取其他社會階層支持的「統戰」工作。但讀者不難看出，他的工作中心是放在最上層富豪的身上，因為他必須執行中共的最新方針。尤其有趣的是在港英政府打出「民意牌」、推行「代議制」以後，中下層港人的民主意識突然高漲，引起了大資本家集團的驚慌，中共面對著社會的兩極分化，終於不能不選擇和大資本家站在一邊了。《回憶錄》說：

香港華人大資產階級經濟上多數依賴英人起家……他們在政治上缺乏獨立性，主要願望是維持現狀。對待日漸洶湧的民主浪潮，他們……擔心中下層參政、執政、改變現狀，大搞「免費午餐」、大量增稅，喪失香港賺錢天堂的優勢。……在草擬基本法過程中，他們之中有人產生依靠中國，以應對香港民主潮流的思想和行動。（頁一八六）

中共自八十年代以來已和香港的大資本家成立了親密的政治聯盟，這是無可否認的事實。在許家屯先生一九九〇年離任出走以後，這二者之間的關係則發生了深刻的變化。許先生當年所執行的是一種「統戰」的策略，我們還不能說中共本身那時已認同於大資產階級。但這幾年來，由於所謂「商業潮」席捲了整個大陸，中共各級當權的幹部和他們的子女親戚已大批「下海」，響應鄧小平所謂「讓一部分人先富起來」的號召。這一新發展不但坐實了當年毛澤東關於「黨內走資派」的論斷，而且引導著中共的核心分子迅速地轉化為大資本家。

這批資本家是歷史上的新品種，他們既不是勤儉起家，也沒有任何倫理的憑藉，其財富主要是通過世襲的「革命特權」化公有為私有而來。這一批新資本家不但是今後大陸經濟的主導力量，而且也早已開始和香港的大資本家合流了。從這一方面觀察，資本主義在香港的保障，今天比八十年代更為堅固，因為它已從最初策略上的空言承諾變為中共政權的現實基礎了。我們不能預測的是這兩類背景完全不同的大資本家群之間將發展出何種錯綜複雜的關係，以及這種關係對於未來的香港市場將投射何種影響。許家屯先生最近指出：九七後大陸上各部門、各省市都將挾著「特權」到香港來「做生意」，而且這是一個「擋不住」的潮流（見李怡〈當中港矛盾成為主要矛盾之後——許家屯的勸喻〉，《九十年代》，一九九七年六月號）。這正是未來香港資本主義市場上一大變數，我們只有拭目以待。

在「大資本家化」的中共支持下，香港的統治權已落在大資本家手上，代表中、下層社會的民主力量在未來的處境將是十分困難的。特區政府在未上台前已先通過一種「立法的程序」，將已有的公民自由加以嚴格限制，我們便不難由一葉之落而斷定秋天即將到來了。

「五十年不變」之說，雖出自鄧小平之口，並已載入香港《基本法》，其實是沒有人會認真相信的。任何社會都在變動，而且天天在變，問題僅在於朝什麼方向變？怎樣變？九七以後香港的變動，就眼前可見的跡象而言，有兩個主要趨向：第一、經濟上仍然依循著資本主義的方向，但將變得更為極端，即以大資本家為市場的主宰。第二、在政治上，香港不但將逐漸喪失在殖民地時期所一直擁有的自由，而且近幾年才興起的民主要求也將面臨被扼殺的命運。

香港的民主潮流確是港英政府有意挑動起來。英國人的動機出於自利也毫無可疑。但是正如許家屯所說的，「民主是潮流，在『理』上無法反對，在『勢』上無法阻擋。」（《回憶錄》，頁一八六）所以香港的政治變化與經濟恰恰相反，將成一種逆轉，被迫走上了與大陸相同的方向。不知是有意還是無意，這兩個背道而馳的轉變竟為「一國兩制」一詞提供了一個全新的詮釋，其實這也正是大陸近二十年來的發展模式——政治制度與經濟制度完全分裂，從「馬列主義」一變而為「市場列寧主義」（Market-Leninism）。後面這個新名詞是美國《紐約時報》記者（編按：紀思道在一九九三年）的創作，現在已開始流行了。我所一再強調過的「經濟放鬆，政治加緊」，所指與此相同，但以英文表達而言，則遠不及「市場列寧主義」來得生動而俏皮。今後中共和香港特別行政區當局所追求的香港前景也是「經濟放鬆，政治加緊」。至於他們究竟能成功到什麼程度，我們唯有拭目以待。

香港內部的分化使我們認識到「回歸」一事與中共官方宣傳所製造的民族主義神話幾乎全無相似之處。六四之夜五萬五千個持燭靜坐者所代表的中、下層香港居民並沒有因「回歸」而顯得興高采烈，相反地他們卻憂慮著將失去原有的自由生活方式。難道這許多香港的中國人都沒有民族意識？都甘願作殖民地的子民嗎？當然不是。如果中國是一個開明的、開放的（且不說民主的）政治社會體制，我敢斷言，這些人早就吵著要「回歸祖國」了，何至於像現在這樣趑趄不前，萬般無奈？即使是上面所分析的那些大資本家群，儘管今天表現出一副歡天喜地的樣子，又何嘗不是值得同情的可憐蟲？在八十年代初，「九七」之說剛剛出現的時刻，正是這一批富豪急得像熱鍋上的螞蟻一樣。一九八三年九月中許家屯在北京對中共中央作匯報時指出：

香港同胞知道中央決定收回香港後，出現大動盪、大分化、大改組現象。這種現象在中、上層社會尤為嚴重。基於民族大義，他們即使不贊成，口頭上亦要說擁護，至少也不好說反對香港回歸。但實際上，他們擔心九七後私人財產被社會主義改造、共產，擔心失去自由。此外知識分子怕「洗腦」，中下層擔心生活水平下降。據我這幾個月的接觸，香港多數同胞還不知道中央收回香港，實施一國兩制的方針政策。少數知道的，擔心將來會變：他們對黨不信任，社會上瀰漫著一種世紀末來臨氣氛，逃資、移民情況在發展中。

我注意到與會者都在專注地聽。

李先念插話：「逃資嚴不嚴重，逃了多少？」

「根據我了解，情況是嚴重的。帶頭逃的是一些愛國資本家。中央負責同志請他們來北京談話，他們得到消息，回香港轉頭便逃。但據香港中國銀行的估計，進來的資金比出去的多，他們認為，只要香港繼續有錢賺，出去的還會回來。」

李先念再沒說什麼。（《回憶錄》，頁五七—八）

這是中共最高層匯報會議的現場對話，若不是許家屯先生被迫出走這一偶然事件，它也許永遠不會曝光。但這一記載的史料價值是無比重要的。它至少可以說明三個問題。第一，許家屯當時作為中共駐港的最高代表，已清楚地認識到香港上、中、下各階層的人民都普遍地害怕「回歸」。這是一個「實事求是」的客觀估計，當年香港報刊的大量記載都證實了這個估計的正確性。第二、當年帶頭「逃資」的正是中共最先打招呼的「愛國資本家」。最近香港《九十年代》中有一篇文字點出了這些人的姓名，並說：「傳聞說有人隨即大手買入外匯和海外的證券或資產。」這可以補充許家屯所說「逃資」的具體方式。（見《九十年代》一九九七年六月號，頁六三）也就是這一批「愛國資本家」最初向中共陳情，讓英國交還「主權」，繼續保留「治權」。六四之後他們更建議由香港華人財團出十億英鎊向中共「租用」香港十年，以符合「港人治港」的要求。（見許家屯《回憶錄》，頁四三四－五）可見他們雖然「愛國」，卻千方百計想阻止中共「收回」香港。在即將到來的「回歸慶典」上，他們當然又將成為最耀目的「愛國」明星。但這應該是可以理解的：他們的畢生基業都在香港；離開了這塊地方，他們的榮耀、地位、權力都將黯然失色。除了爭取新主人的寵愛之外，他們已別無選擇了。

第三、許家屯的忠實紀錄更在無意之間透露了共產黨的本質。在他報告香港「世紀末來臨的氣氛」時，許先生同時強調「逃資」和「移民」兩大可憂的潮流。李先念的唯一插話則是「逃資嚴不嚴重，逃了多少？」顯而易見，他全神貫注的是香港的「資金」流失了多少，對於「人才」的外流他大概連聽也沒有聽進去。只要有貝之「財」，不要無貝之「才」，這是中共自一九四九年以來所表現的一貫態度。「言為心聲」，中共的「領導人」確能隨時隨地不失其「唯物主義」的立場。在中國儒家傳統中，孔子聽到馬廄失火的立即反應是「傷人乎？不問馬。」中國人一向視此為人文精神的自然呈露。在西方人道主義的傳統中，遇到任何天災人禍，一般人首先關懷的也是「有多少人傷亡？」然後才進一步估計：「財產的損失有多大？」這在日常的西方新聞報導中表現得清清楚楚。對於我們認識中共政權的本質來說，李先念的一句話真比千百萬言的理論分析和實例研究還要深刻。

香港的中國人和世界上所有的人一樣，都具有深厚的民族意識，這是毋庸再說的，然而在「生米煮成熟飯」之前，他們面對「回歸」的命運所表現出來的普遍情緒卻是徬徨、疑懼、以至抗拒，即使在今天，許多人的疑懼也還沒有消失。姑且撇開五萬五千位持燭靜坐者不說，前兩天加拿大的電視也播出了新界的「愛國者」所組織的慶祝活動，主持人一再勸喻群眾不必再抱恐懼之心。這豈不恰恰告訴我們：惶恐不安者還大有人在嗎？

從民族主義的觀點說，香港回歸中國是天經地義的事，不但海內外華人一致肯定，全世界所有的人（包括英國人）也都找不出任何正當的理由說半個「不」字。但問題在於「中共政權」和「中國」之間絕不能劃等號。事實告訴我們：中共自一九四九年以來，從沒有以民族主義的立場對待香港問題。為了經濟利益，它一直不肯正式收回香港和澳門。葡萄牙早在二、三十年前便要從澳門撤退，中共竟拒絕接受，要拖到一九九九年才終結其殖民地的統治。五、六十年代的香港「左派」誤信中共是真心反帝、反殖民地的，因此而進行了激烈的「反英抗暴」的活動，有許多人為此而坐牢、失業。但中共卻並沒有給予支援。今天全世界早已進入「後殖民主義」時代，以我所知，香港和澳門也許是僅存的兩個殖民地了。更不可解的是中共與英國談判了兩三年，最後竟然接受了今年七月一日為中英交接的一天。這便正式承認了一八九八年英國和滿清政府簽訂的關於新界的不平等條約是合法的。根據英方檔案，英國政府早在六十年代便已認定：「一九九七年的年分在法理上是有意義的，不可以隨意廢除。」（見《九十年代》一九九七年六月號，頁五八）一八九八年租借條約恰好在一九九七年六月三十日滿期。英國爭取到了這一天，它在香港的一百五十五年的殖民統治便自始至終都是合法的了。因為今天的香港已不能離開新界而單獨存在，將來英國史上一定會這樣記載：「由於中國不肯續簽新界的租借條約，英國祇好從香港合法撤退了。」所以「九七」對於英國而言是「合法」的象徵，對於中國而言則恰恰成為「恥辱」的符號。如果中共真能從民族主義的立場考慮中國的國家尊嚴，「九七」是一個萬萬不能接受的年分。

六四前夕香港五萬多持燭靜坐的人絕不是不愛「中國」，而是不願接受中共迄今為止所堅持的極權政治體制。從這一觀點看，香港「回歸」的實質意義是自由生活方式落到了極權統治的籠罩之下。這絕不是「民族大義」的表象所能掩蓋的。香港居民中有很大一部分是先後從大陸投奔自由而來的，他們自能分辨「回歸」的實質與表象。棄極權而投自由雖是現代西方的說法，中國傳統中也早有相類似的觀念，即所謂「去無道而就有道。」清末經學大師王闓運在八國聯軍攻入北京以後，曾憤慨地說：「彼入吾京師而不能滅我，更何瓜分之可言？即令瓜分，去無道而就有道，有何不可？」（《胡適留學日記》一九一七年三月七日條所引）由其言之激切而可見此老對清政府憎惡之深。「民族大義」至少不能淹沒他對於「去無道而就有道」的嚮往。這也是道地的「亞洲價值」！

前面已指出，七月一日以後，香港將出現一個大資本家專政的局面，而在後面支持著它的則是一個掛著「無產階級專政」招牌的極權體制。維繫在這兩者之間的「統一戰線」則又是所謂「民族大義」或「愛國主義」。這真是極人世之奇詭的變局，古今中外，未見其例。「民族大義」或「愛國主義」確可以激發人們的狂熱情感；它在相當一段時間之內未嘗不能淹沒理性、扼殺個性，使人心甘情願地「犧牲小我，完成大我。」但歷史告訴我們，「愛國狂熱」必須不斷地靠狂熱行動來保溫，否則終將有靜息的一天。靜息之後，人們還是要一天一天地過常態的生活，是自由還是束縛，這在常態的生活中是無法隱藏的。

香港的歷史背景畢竟與一九四九年的大陸不同，多數居民已經歷了現代公民社會的轉化，自由、民主、人權對於他們而言，並不是與實際生活脫節的空洞概念。他們也不大容易被大資本家的「愛國」表演所感動。不久之前，要以「主權」換「治權」、以十億英鎊租借香港十年、以及帶頭「逃資」的是誰，香港的居民大概記憶猶新。這些中、下層的港人似乎也不會為「民族大義」之故，便輕易地放棄他們的公民權利。我估計他們在七月一日之後，還是要繼續爭取民主、自由、人權這些普世價值的。在爭取這些價值的同時，我相信他們也不會失去關於家庭、人情、人格尊嚴、文化意義等等中國傳統的價值。他們將是大資本家專政下的一個難以預測的社會變數。

香港還大有人在，有人，便有希望！

【編按】

一九九七年六月十五日完稿，六月二十日刊登於《聯合報》。

據許家屯回憶，積極向中共陳情要「主權換治權」的，有一位是譚惠珠。此姝在八十年代相當傾英，九十年代轉向，變極度傾中。

六四後，華人財團幫英國出錢向中共續租香港的提議，公開主張者有兩人。一是船王包玉剛女婿蘇海文（Helmut Solmen），當年是香港總商會主席。他文章於一九八九年七月五日刊登於英文《南華早報》，建議九七後香港應續租給英國，租金每年十億英鎊，港方出資。另一人是景泰藍大王陳玉書，撰寫〈推遲十年收回香港〉一文，刊登在八月號《解放月刊》，喊價六百億港元，並聲明中方如果嫌少可以再加，「如是，香港有幸焉」。

大中國思想是很壞的思想

訪談◎安　琪

安：請您首先分析一下民族主義的基本定義及歷史背景？

余：民族主義是很難界定的。過去西方認為民族主義是現代產物，先有民族國家，然後才出現民族主義，他們認為中國過去也有民族主義。其實，文化意義上的民族主義早就有了，唯一不同是中國自以為中心，有自大傾向，總覺得別人都有求於我，我卻不求別人。會轉變成政治上的民族主義，就因為中國老大做慣了，很難適應近代的國家處境。老是被侵略、被掠奪，就有了反侵略的情緒。比如義和團，不能說它沒有民族主義，卻是極端、非理性、狂熱的那種。

到了二十世紀，中國政治背後最強大的力量一直是民族主義。國家一直沒真正上軌道，回不去唯我獨尊的地位，受挫折後變成非常自卑，有時候極端排外。這一切是因為中國沒有建設出一個真正現代化的國家。比如遵守國際公法，成為國際體系中之一員，就會比較穩定。

西方比較先進的民主化國家，法國可能民族主義多一點，英國少一點，因為英國是第一個現代化的。現在研究民族主義的學者認為，英國是最早變成他國羨慕對象的。美國情況特殊，並沒有羨慕英國。法國對英國就既羨慕又妒嫉。德國更是如此，把法國、英國都看成先進，既要學習，又不甘心，覺得有損尊嚴。到了俄國，則是把德國也妒嫉進去。也就是說，現代化國家越晚建立，越有這樣的問題。

中國當然更晚。中國跟日本不一樣，日本很早就變成現代化國家了，後來走到軍國主義的極端，付出極大代價。中國對西方則是徘徊在崇拜與仇恨兩者之間，始終不得其平。所以只要失去其他的精神力量，它就會訴諸民族主義。中國大陸八十年代初，對西方也是崇拜到極點，電視紀錄片《河殤》就代表這個態度，民國時代也有過「全盤西化」主張，但沒到這個程度。這和捷克一樣，剛開放時也是對西方無限崇拜。但中國在發生八九年衝突之後，民族主義重新起來。原因是共產黨有意挑動，有計畫地想把原來的社會主義導向一種民族社會主義，實際上就是納粹黨那一套，也就是希特勒的國家主義。

安：民族主義與國家主義有什麼區別？

余：Nationalism 很難翻譯，有人翻成國族主義，有人翻成民族主義，或國家主義，實際上是一回事。以德國來講，馬克思也想訴諸集體認同，但他是猶太人，雖然父母已接受了基督教，想轉換卻仍然在德國得不到認同。身為唯物主義者，又不能回到原來的猶太教傳統，所以就變成一個怪胎，用另外一種未來的東西，所謂「無產階級」，當作他的認同。骨子裡對西方是又羨慕、又恨、又妒嫉。所以，民族主義和社會主義根本上是一對雙胞胎，希特勒把二者結合起來是一點不稀奇的。德國之前是浪漫主義，也就是強調德國文化有多高尚，種族有多優秀，發展到極端就是納粹。

安：中國的民族認同是什麼？為什麼中國的民族主義總是伴隨著文化心理危機？

余：中國一接觸西方，就覺得自己越來越不行。五四以來，中國一直覺得自己不行。中國也確實有問題。但這樣，民族主義就很難發展，因為沒有可以認同的內涵。清末民初談「國魂」，是受日本和德國的影響。還有「少年中國學會」，毛澤東就是其中一員。歐洲當時有「少年運動」，傳到中國，政治上的發展就是後來的青年黨。「少年中國學會」是主張國家主義，可以說是民族主義的團體。

一九四一年珍珠港事變，羅斯福要把中國提成四強之一，然後成為聯合國創始會員國，成為現在的安理會五大常任理事國之一。這是羅斯福刻意推動的，想把中國提上來變成世界強國。這下子很糟糕，因為力量不夠，忽然提這麼高，很難適應。

共產黨口號講的是國際主義，偏偏國際主義是不能真正實行的，所以它起來其實是靠民族主義。當年第三國際並不服從斯大林，真正接受斯大林的是毛澤東，但他對國際還不了解，怎能變國際主義者？他只是需要蘇聯幫他搞革命，骨子裡是民族主義者。

等到共產黨上台，民族主義變成不能講了，因為馬克思主義認定民族主義是落後的，應該被國際主義消滅。問題是民族主義根本消滅不掉，如果不利用民族主義，抗日不用仇外，共產黨就起不來了。

所以說，中國的民族主義始終不穩定，跟現實是脫離的，只能變成被利用的情緒。

安：國民黨失利的主要原因是什麼？

余：它沒有辦法解決土地問題。國民黨的取向是城市知識分子，許多出身地主家庭，它沒把土地問題看那麼嚴重，或說它不能夠下決心把問題解決掉，去阻止農民跟著共產黨走。國民黨的基礎是城市，特別是沿海城市，傾向於接受西方，向外開放。明末、清代沿海地區都向海外發展，才會在東南亞發展出華僑社群。孫中山等於一半是華僑，早年在香港、夏威夷受西方教育，對中國的東西知道不多。他的華僑身分是有象徵性的，象徵國民黨繼承的是明清時期沿海地區面向大海的文化。

從上海、南京、浙江一直到廣東，是國民黨的基本活動地區。至於內陸，山西是閻錫山，東北屬於張作霖、張學良，雲南、四川也是本地軍閥，只是表面上服從。國民黨無法用極權性的控制，從下往上把革命搞起來。

明清時期沿海地區的文化經濟活動雖然面向海外，政治控制卻面向內陸，不願開放，這種傾向就是共產黨繼承了。共產黨的根據地是陝北、井岡山。共產黨內部本來有兩批人，一批人像周恩來、劉少奇，還有早期的陳獨秀、李大釗、瞿秋白、李立三等，這些都是城市知識分子，或沒有念好書，一開始就搞革命的邊緣知識分子。有的還去過外國，知道一點國際狀況。這一方接受第三國際領導，基本是搞城市暴動的，如南昌暴動。要講馬克思主義，就不可能到農村去發展。農村是張獻忠、李自成的傳統，是毛澤東繼承的。毛澤東雖然也在城市待過，基本上卻是鄉下人，農村取向的。最早佔上風的是城市取向那邊，毛澤東只能處於劣勢。是到了延安，跟當地的高崗和劉志丹勢力聚在一起，他們有武力控制局面，那「二十八個半布爾什維克」[1]回來也沒用了。康生看看不對，就轉向支持毛澤東，周恩來也投降，從毛澤東的上司變成他部下，思想上往後轉，回到中國原來那個政治傳統去了。這個傳統從朱元璋到滿清，都是農村取向，不對外開放的。

安：為什麼共產黨能完成革命？

余：首先他們沒有顧忌，不代表中國任何利益，只代表一個觀念，一個國際組織。等於一群劫匪，幾個人就能控制整棟大樓。再來它的意識形態能夠吸引都市青年，有辦法在都市開闢第二戰場。毛澤東就承認是學生幫他開闢第二戰場。北京、上海鬧起學潮以後，鬧得國民黨根本存不住身，怎麼能不垮呢？當時火車不通，共產黨到處破壞鐵路，南北運輸哪裡都不能運，農村東西也運不到城裡，把國民黨搞得一塌糊塗。國民黨要對付外面，要代表一個國家，不可能兩邊作戰。尤其美國要求的國共談判，對國民黨影響太大

1 編註：指去莫斯科中山大學留學的一批早期幹部，都挺共產國際。其中王明、博古、張聞天都是毛澤東之前的中共領導人。

了。

共產黨本來是不經打的。但共產黨有的是辦法，打不過的時候就利用馬歇爾趕快調停，幾次就把國民黨拖垮了。軍隊是不能這樣打一半停下來的，要打就一鼓作氣。林彪花那麼大力氣拿下長春，守不住，後來又被國民黨拿下。[2]但是國民黨沒辦法一直打到底，因為有美國人在限制它。這也是中國特有的命運。雅爾達密約把東北交給蘇聯，這就完了。羅斯福要救美國幾萬人的命，不想到處作戰，希望蘇聯能夠對日宣戰。結果蘇聯等到原子彈扔出去了才出兵，過幾天日本就投降了。然後整個東北都在蘇聯手上，先把所有工業機器搬走，再佔著等共產黨來。這情況下，國民黨沒辦法不敗。

安：那要怎麼評價國民黨在台灣的功過？

余：國民黨在台灣是想有所作為的。首先搞土地改革。中央民意代表不是台灣選出來的，權力分配和台灣沒關係。但是國民黨沒有採取激烈的手段，沒有殺過一個人，而是政府拿證券買土地，再分給農民，讓農民耕者有其田。這是很重要的過程。沒這樣，農村的不安定因素就永遠在。第二，國民黨用政治力量發展經濟，這是它在大陸就想做的。當時台灣有個很重要的美援運用委員會，國民黨裡的財經大員都是美援會的。這批人在台灣發揮作用，可以稱心如意地進行建設。從這一點講，國民黨在台灣已經相當有功勞了。二二八敗筆是國民政府遷到台灣以前的事，國民黨後來一直緊張，永遠不放心台灣人，想控制台灣人。台灣人當然也感覺到這一點，這是政治上不安定的一個因素。今天國民黨一選舉就沒機會專政了，原因在這裡。

安：但是台灣也經歷了兩蔣時代的所謂「白色恐怖」？

余：「白色恐怖」是一個名詞，那時候共產黨一直在那搞鬼，國民黨要不去防止就完蛋了。共產黨不會放過任何一個機會，國防部中將參謀次長吳石就是被共產黨利用，在台灣被國民黨槍斃的。如果有敵人一直潛伏在內部，搞顛覆，到哪裡的統治者也必須「恐怖」。

安：那段時間很多知識分子也受到迫害，柏楊還被關進監獄？

余：當然有受迫害的。有一批人是無緣無故陷進去的，這是不可避免的。國民黨跟共產黨本來就同一個母胎生出來，學的都是蘇聯。也是一黨治國，一黨專政，每個地方都有黨組織，只是沒共產黨那麼徹底。國民黨只搞個表面。如果國民黨有搞「白色恐怖」，就是蘇聯模式學來的。不過至少國民黨知道有個限度，不要太過。如果共產黨那邊有個柏楊，怎可能被放出來，還平反，還可以痛罵政府？

安：隨著毛、蔣時代遠去，現在國共兩黨尋求統一的意向基本上是一致的。問題是台灣民眾怎樣想的呢？台獨意識是不是很普遍？

---

2 編註：一九四六年四月十四日，中共領導的軍隊第一次攻進長春。五月二十三日，國軍新六軍佔領長春。

余：我認為台獨在台灣不會發展到哪去。大家都知道，如果公開搞台獨，逼得共產黨非打不可，那當然台灣也不願意打了。但是共產黨想拿過去，像另一個政府那樣統治，也是不可能的。台灣已嘗到獨立的滋味，現在實際上是獨立的。它從來不在共產黨統治之下，怎不是獨立的呢？它還延續了中華民國的發展，比共產黨早三十八年呢。你要說中華民國，那是更早的中國，蔣介石宣布中華民國還在。李登輝唯一的改變，就是從前反攻大陸，現在不提反攻大陸了。

安：在中國大陸的宣傳裡，李登輝是被日化的一個人。

余：他根本就是日本人，怎麼叫日化呢？他二十幾歲在國民黨來以前都是日本人。他是靠民主起來的，到底有多信仰民主，那倒不一定，但事實上他的出路就是在民主。他不能不走這條路。沒有民主這條路，他怎抓到權？他現在年紀也大了，知道搞不了多久，必須好好籌劃下一步。

安：可能正是這種「李登輝現象」，中共啟動愛國主義的宣傳才得以奏效。九六年導彈演習，就引起大陸中國人很強的反台情緒。

余：我想這是有計畫挑動的。我不認為中國人有多少民族情緒。日本侵略中國的時候，一般中國人對於打日本也不見有那麼大的興趣。你看日本人佔領以後有多大的反抗？我倒感到中國老百姓很可憐。我最近看到上海出版的明末清初鄉村小知識分子的日記，他們不見得對滿洲人有多仇恨，不像宣傳說的。中國的民族主義多半是製造出來的，沒有多少自動自發的民族主義。過去說列強要瓜分中國了，根本沒這回事。查看國際外交檔案，哪一個國家計畫過要瓜分中國？一點根據也沒有，這樣自己嚇唬自己，就變成了英雄。

安：據您了解，台獨與台灣的族群矛盾有關嗎？是否像外界說得那樣嚴重？

余：族群矛盾並不嚴重。少數是政治上過去有勢力的人，好多都跑到外邊來了。覺得在台灣不舒服，難免在情緒上有誇張，說台灣在搞台獨，在排斥大陸。總的來講，族群問題我不認為有那麼嚴重。不能說沒有，南部可能有一點，台北根本看不見，甚至還有一大批台灣大商人，都願意跟中共打交道呢，王永慶之類的，就願意跟大陸打成一片。台獨是極少數，但不是不得了的事。

安：在中共政治轉型的過程中，台灣問題有沒有可能成為權力鬥爭的賭注？如果有，台灣會處於怎樣的境況？

余：不敢說沒有。但如果那樣，首先國內危機一定很嚴重，比如軍方直接動手。這就要看共產黨能不能控制軍隊。如果軍方突然發狠起來，那就是另外一個局面。有些人要立功，我拿下台灣來證明自己應該做領袖，每個人都想拿台灣做政治資本，台灣沒什麼辦法。我也不希望台灣獨立，我覺得台灣還是中國的一部分。但很坦白說，我希望絕對不能在共產黨的統治下統一。我幹麼要跟你中國大陸這種政府有關係呢？在你的陰影之下，我活著有什麼意思呢？要了解台灣人的心理，我很同情他們，如果我是台灣人，我也會贊成台獨，沒什麼好說的。並不是說正義一定在中國大陸那裡。從前中國把台灣割讓給日本了，已經沒有了，你什麼代價也沒付過，什麼也沒有管過，你現在說是我自己的遺留問題，我要怎麼樣怎麼樣，招之即來，揮之即去，這是不可能的事情。台灣也沒什麼理由要對你中國忠心。我們不能用大陸的語言。傳統的大中國思想是很壞的思想。

將來談統一，共產黨如果不改變，想要像拿香港一樣來拿台灣，那是不可能的。除非用武力。問題既很簡單，又不簡單。你看美國現在好像沒事一樣，萬一大陸真要動武，美國民意也是可以發動起來的。上次國會已經通過好多法案，表明只要大陸動武，美國應該作出什麼反應。如果台灣挑釁還有可說，不挑釁的話，只是保持中華民國，大陸有什麼藉口說我就是要打？除非大陸政局突然發生巨變，內部危機逼緊，除此是不大可能打的。因為一打，也不可能一下子就拿下台灣，兩邊打起來，大陸也吃不消。台灣一下子完了，大陸也一時恢復不了。

而且打了以後怎麼統治呢？所以我認為只有和平。現在有人提議要簽訂一個中程協議，五十年內和平發展，不談統不統一，先說台灣將來也是中國的一部分，但是不是中華人民共和國的一部分，等將來再說。提議者以為唯一辦法是這個，否則不可能接受。[3]問題是，你要共產黨跟非共產黨談判，根本是不可能的事情，你談判就是被它吃掉，它吃不掉你就談不成。它只有在沒法用武力拿下你的時候，才跟你談判。共產黨只懂得一個權力，絕沒有它好好的，卻無緣無故願意談判的。等到它佔上風，就拒不和談了。像蔣介石四八年底要發通報，要談和時，共產黨談嗎？

安：也有人提出民族自決的方法解決台灣問題。您認為是否能夠成立？

余：我認為共產黨不會接受。投票根本不是問題，台灣一定是自決獨立的，那有什麼好自決的？共產黨不會答應這一點，根本就不列入考慮，外面人說說而已。

安：有一個說法，西方國家跟中國交往，既想做戰略夥伴，又想講人權外交，這樣無形中也助長了中國的民族主義情緒。對此，您有什麼看法？

余：這是利害問題。美國歐洲都如此，覺得中國市場那麼大，誰也不甘落後，要快搶佔位置，以後才有機會。說老實話，美國企業界的遊說力量對白宮是影響很大的。美國嘴裡喊人權，但很難說他們心裡有多重視人權。

費正清時代美國對中國是不講這人權的，只要有一個很好的政府跟人可以打交道就行了。國民黨到台灣，美國覺得你國民黨靠我們，才拚命講人權。美國只有看你很弱的時候才講人權，你實力變強就不講了。因為你變強，美國講人權要付很大代價，比如你改買法國的飛機，不買美國波音了，這樣美國吃不消。利害考量也不能光怪美國，中國人也是國家利益第一的。很難要求國際政治完全根據正義公平的理論，不考量現實利害。少數個人也許可以，國家與社會集體是很難的。

3 編註：「未來一中」中程協議，是一九九八年二月李侃如（Kenneth Lieberthat）提議的，當時他是白宮幕僚。

所謂戰略夥伴，頂多是美國想阻擋中國賣武器給中東國家。美國認為禍亂在中東，如果中國把原子彈技術移轉給巴基斯坦，或者伊朗、伊拉克，美國人是受不了。這是政治性考慮。其實美國也不算沒考慮人權，只是不會放第一優先，除非在六四剛屠殺那一兩個月，實在是看不過去，但慢慢大家就淡忘了。很多人覺得事情已經過了，中國已進入另一個階段，也許可以改變。現在中國要簽署聯合國《公民權利和政治權利國際公約》了。其實中國方面以為簽完是可以混的，但西方法治傳統深，真簽字以後是會有許多麻煩的。表面看好像中國政府老在討便宜，但長期來講，討了便宜中國自己可能消化不了。像金融風暴，人民幣不貶值，硬頂下去，還是要付很大代價。香港也是，不敢動不見得是好辦法。

安：您認為中國社會有沒有發生結構性的變化？江澤民會不會進行民主化，健全法治？

余：中共在根本上從來沒有改變。所謂改變就是經濟上的意識形態已經崩潰了，除了少數，像鄧力群那樣的極左派，也不可能起作用了。現在思想上是空虛的、破產的，有的就是實際利害的維持。這不是有意放鬆，而是共產黨政治控制的必然減弱。過去關起門來，就是幾個政治上的異議分子，當然很好管，尤其四人幫的時代。不像現在，第一做不到。如果所有人都這樣管，言論自由要管，講一點民主也管，就沒時間做其他事情。現在經濟犯罪多的不得了。因為人很多，你不能一個人盯一個人。第二，黨的人也靠不住了。我認為高幹包括政治局的子女都很清楚要往市場移動。萬一政局有變化，手裡還有錢，還可以生存。

江澤民絕對不會進行民主化，但他不能不多容忍一點。他是逼得不得已才動一下，並不是有系統地大刀闊斧來改革。幾千萬黨員家庭的利益都在他手裡，一改把自己的特權改掉了，那行嗎？

實際上共產黨自己現在沒什麼東西了。到底什麼是真正的共產黨員呢？是江澤民嗎？朱鎔基嗎？有什麼理論呢？當然政治權力還在江澤民手上，大家想發財，不能不利用一點政治權力，這恐怕是許多人還跟共產黨發生關係的原因。現在也沒有什麼真正的民族主義，因為民族主義一定只有在民族被欺負時才會出現，中國現在還趾高氣昂，民族主義哪能出現呢？你在美國能看到什麼民族主義？共產黨拚命想往民族主義掛鉤，填補精神上的空虛。你說共產黨代表什麼呢？既不代表馬列主義，又不代表一黨專政，也不代表國營企業，到底代表誰的利益？事實情況是，從香港到國內，共產黨所到之處全是大資產階級專政，只不過口號還是無產階級專政。

安：民間基層選舉會不會成為民主化的前奏，像外部看好那樣？

余：這都是西方媒體的一種誇張，西方觀察者難免受到形式主義的影響。我看了很多《紐約時報》這方面的報導，例如東北村民選舉的，說我給村裡賺錢，不用錢請客，不招待上司。從這些話可以看出，他的身分已經有很大變化了。村民選舉本身不可能變成民主的開始，台灣的全國性選舉和地方選舉也不是一回事，不是那樣來的。

安：這種選舉本身意義是什麼？

余：實際上是共產黨控制不了，就拉當地有勢力的人來管。台灣也是這樣，土豪劣紳什麼的，有勢力就是國民黨的人。表面上好像國民黨能控制地方了。其實，中國傳統社會本來就是自治。

安：是不是說現在村民選舉某種意義上是向過去宗族制回歸？

余：是一定程度上的宗族制。頂多是回到傳統，並不算進步。傳統皇帝的官吏都是到縣為止。縣以下是靠地方士紳撐著，老百姓也不敢到縣城打官司，跟美國人賦稅一樣，按時交糧就行了，跟國家沒關係。如果一個人沒糧又沒錢，一生都跟國家毫無關係。國家不會管你的。

安：今年以來國內民主呼聲漸高。一種說法，說黨內民主派力量上升，不久將來可能變成共產黨內的主體力量，然後跟社會上的民主力量結盟。首先，怎樣定義黨內民主派？實際情況有那麼樂觀嗎？

余：黨內當然有一批人認為目前局面無法長期維持，應該做些體制上的基本調整。但是有沒有一個民主派，在國內是誰，有什麼思想和綱領，現在是看不出來的。我根本不認為有這麼一個「派」在活動。現在基本上還是各自為政，基本考量都是向錢看。我有個親戚是台灣一家銀行的董事長，他回國看到人人都只講錢，其餘無話可講。這個民族可怕極了。這個極權政體，大火在周圍熊熊地燒，前半截的燃料是權力欲望，後半截變成金錢欲望。前面是少數黨員爭權奪利，攪亂中國，後來受到市場經濟一衝擊，燃料就好像煤變成汽油，從權力變成金錢。

如今這場大火牽扯到的已不僅是幾千萬黨員。從前，權力跟老百姓沒關係，只有部分黨員有權力的，但現在人人都想盡辦法搶著賺錢，又沒建立秩序，只能比誰的本事大，誰的手腕高，誰的關係多。這種競爭局面是很難預測未來的。

安：為什麼某些中國知識分子會說「二十一世紀是中國人的世紀」呢？

余：那是沒有常識的話。只是某些中國人在十分可悲可憐的情況下，羨慕西方所做的夢。這還是民族主義，自以為中國受西方壓制，民族要出頭。其實中國人這一百年來自私自利，專糟蹋自己，好像在自焚，只剩下灰了。其他民族包括美國人，都是很努力建設自己的。然後說下一個世紀忽然變成中國人的，從何說起呢？

安：您在〈待從頭，收拾舊山河〉中寫說「二十一世紀將是中國知識分子贖罪的世紀」，為什麼？

余：二十世紀中國的苦難都來自知識分子犯的罪。共產主義的觀念是知識分子引進的，老百姓怎會有這觀念呢？列寧也是知識分子。他把法國的許多激進理念加上馬克思主義，就自以為發現了真理，發現了歷史規律，要組織起來造反。許多人受他的影響。中國也是這樣。五四以後儘管科舉制度沒有了，士大夫也在變化，但是中國社會對讀書人總是尊敬的。到農村就可以發現，你是讀書人，你懂道理，大家就聽你的。中國哪有什麼歷史規律逼得共產黨非上台不可？就是幾個知識分子說有這種歷史規律，把局面拉開。我認為中國知識分子要負很大責任。

安：從這個意義上怎樣評價五四？

余：五四聲音很雜，不只一種。提倡白話文、反對巴黎和會出賣中國利益，本身是積極的。那時候還沒有共產黨，不能說是馬克思主義知識分子領導。傅斯年、羅家倫，後來根本被共產黨視為右派。原來是單純的國恥觀念，是民族主義情緒。但靠這情緒不可能完全打倒中國傳統。胡適也提倡古文研究，提倡要客觀評價中國文化。是共產黨把五四連接到魯迅和李大釗身上，變成五四是共產黨領導，沒有共產黨就沒有五四。然後，他們就把五四的意義從資產階級民主掉換成無產階級革命。

安：九十年代知識分子和五四時期的知識分子有什麼不同？

余：現在還是有些新的知識分子想在自己領域做點工作，對六四受害者基本上也是同情的。但是我不覺得會有站出來說話的聲音。八九之前，誰也沒想到天安門會死那麼多人，六四屠殺使人警惕，但只能消極反抗。當然想做好事的人是永遠有的。有的人離開政治搞錢，或搞別的事業，發了財拿錢來支持文化，這種人是有的。積極支持共產黨的也有。現在是多元化的局面。

安：中國知識界一直在爭論西化是不是等於現代化的問題，觀念存有很大的分歧。

余：現代化某些方面跟西化有關，但不能等於西化。因為所謂西化也只能西化某些部分，某些層面，不能一切都西化。一個人怎麼能什麼都西化呢？要守法，政治上要投票選舉，這是現代化，是跟西方學來的一種技術。像我們學的自然科學，從小學、中學到大學，都是西方的，但是這只是工具，是具有普遍意義的。電影也是西方的，中國人的電影跟外國人的電影還是不同吧。工具可能是西方的，精神還是可以有中國精神。現在把這些問題都搞得太簡單化了，好像接受一點點西方就西化了。更荒唐的是，有人說接受西方文化就要接受梅毒。[4]中國十六世紀就有梅毒了，但當時並沒西化。不能把文化問題看成簡單的西化、中化。中國實行民主並不表示西化。最西化的是共產黨，完全是外國來的，包括革命的歷史，從列寧開始，一切恐怖手段、制度、言詞，全是照抄的，沒有一點點原創。從前國民黨還沒有那樣子，孫中山總想把中國傳統也包括進去，組成政府，西化沒有百分百的。組織形式跟西方一樣不一定就叫西化。尊重人權，人權就是人的尊嚴問題，不是別的。中國從前也講人權，不過不叫那個名字而已，「士可殺不可辱」就是尊嚴。共產黨想壓制這種價值觀，實際上是給專制找藉口。

4 編註：一九六二年李敖在台灣《文星》雜誌發表〈給談中西文化的人看看病〉一文，引用「civilization is syphilization」一語，主張全盤西化就要忍受梅毒。

安：您寫過明清時代是「士魂商才」的時代。今天呢？

余：現在已經談不上「士」了。知識分子邊緣化了，靠邊站，不在社會中心，也不在政治中心。從前士大夫首先在社會中心。鄉下人有什麼糾纏不清的事情，就找讀書人來說句話仲裁一下。政治上，非科舉、非讀書不能夠得到官位。今天哪有？今天都是黨棍，不要任何知識，只要會混，有關係。知識分子一部分下海，打出另外一條路，不入黨也可以得到他想要的。這一點很像明末清初的「棄儒就賈」。那是很大的發展。儒家進去商人階級，商人也發展儒家。現在好像是同一現象再現。其實也不稀奇，傳統中國的毛病就是一切都是政治，政治最重要，政治沒有就完了。西方的發展從來不是放在政治。我上次到布魯塞爾，看到一個市政廳，二個教堂，各種公會堂，這個社會打從中古時期就有各領域的代表。中國從來都集中在政治，沒有教會可以跟政權分庭抗禮，什麼都是皇恩浩蕩，跟皇權發生關係才有地位。

這個傳統被共產黨更進一步發展，全是政治，政治人物是第一等人，其他人再優秀也是二、三等。

明清以後商人慢慢也有了地位。在西方，雖然沒有錢就不能搞政治，但政治比重卻非常輕。一個社會文明不文明，民主不民主，自由不自由，就看這個比重。如果政治比重佔很高，社會絕對好不了。或者像伊朗，神權跟政權合一，也不可能好。中共將來如果要轉型的話，要慢慢把這條路打破。倒不一定是民主不民主，而是共產黨本身自然會解構，它自己無可避免要參與這種解構。

我認為共產黨垮台會有兩種形態，一種像「蘇東波」，另一種就是崩潰。目前維持政權是全黨的統一目標，但將來還是會遇到很大的困難。共產黨現在對左派的攻擊一句話都沒答覆，因為理論上講，左派是對的。市場經濟第一位了，等於違背馬克思主義的所有學說，還算什麼共產黨呢？這問題不能永遠逃避，遲早要面對。

安：知識分子邊緣化，自己有沒有責任？

余：邊緣化也不是不合理，知識分子憑什麼老佔中心呢？一般來說，知識分子都應該要有專業，有貢獻，不能什麼都不幹，專挑別人的錯。要有研究，傳授給學生的知識必須是可靠的，最新的。社會責任則是業餘。作為公民，起碼要投票，那是公民責任。讀書人的公民責任是成為知識分子，就往往要「出位」直言，站在社會立場上說話。這種人任何社會都有，但他不成為一個特別階級，只扮演社會的批判性力量，社會需要這種力量。

安：大陸有沒有這種力量？

余：大陸從前有，現在看不見，控制得太嚴了。政治上還是一把抓。中國人也很聰明，看到這麼嚴就算了。但是放心，一旦鬆了，批評馬上多得很。共產黨也知道，才抓特別緊。到底能抓多久，就不是那麼簡單了。像古人說的，天道循環。

安：香港回歸後，學術思想界您以為如何？

余：很多人又從美國回到香港教書去了，因為待遇很好，還能隨時回美國來。學術界都不敢大膽說話，慢慢地反對聲音可能就沒有了，批評的聲音會越來越少。當然，也有人受到警告。

坦白說，中國人是一種奴隸道德，不需要共產黨什麼暗示，就會自己表功。香港新聞界現在一塌糊塗。所以我說，共產黨統治的大陸我不能去，現在連香港我也不能去了。共產黨統治的任何地方，我絕對不去。

安：為什麼您對共產黨有這樣強的情緒？您當年出來時，對共產黨印象怎樣？

余：那時候對共產黨沒有多少壞印象，但也不是太好。北京還好，一到上海，就聽到不少朋友的不滿之詞。我一個親戚在銀行做事，有一天下班回來就哭，說：今天銀行偷了錢，每個人都搜身，但是黨員團員不用。黨員團員的道德是有保證的，只搜普通群眾。共產黨真是厲害極了，一開始很鬆，慢慢束緊，到最後你根本透不過氣來。參加共產黨就跟進鬼門關一樣，一進去就再也出不來。我對共產黨的了解也許是錯誤的，但我自己是不可能動搖的。我一個親戚是地下黨員，還當過北大黨委書記（編按：項子明），他們當年參加共產黨還是帶有理想主義的。不能說參加共產黨就是混蛋，也有很多很好的人。但共產黨是一個邪惡組織，跟最壞的黑社會一樣，進去以後不可能活著出來。要不就跟它一樣壞，好人靠邊站。要想在台上得意，但什麼樣品德才能得意起來？

安：您自一九四九年離開中國以後，是否回去過？

余：一九七八年，美國國家科學院派出一個漢代研究代表團，我當團長，去了一個月，到敦煌、長沙、昆明、成都探訪古蹟，跟政治沒有關係。以後再沒去過。但最初沒什麼原因，純是我怕熱鬧，許多人請我到北京，我都推了。六四以後就不想再去了。我一個表妹的兒子就是在長安街二十八中學旁邊被殺的，年僅十九歲。兩年後他父母親才給我寫信，託日本的朋友轉來。這個男孩只是想去照相，留個鏡頭，一下子就被子彈打中了，當時解放軍還不許救護車搶救，馬上埋進坑，三天後他父母才知道。我還有個親戚是共產黨員，在兒童醫院負責，說光他們那個小醫院，就來了幾十個屍首，都是開花彈。如果這種事都可以原諒，那有什麼事不可以原諒呢？有些人為了利益不要尊嚴，我們也沒有辦法。自己不必的話，就不去受這種委屈。我也不可能到共產黨的大使館去申請簽證，我從來不認為這個政權合法，我不可能向它請求批准。我第一次去也沒有填表，是美國人一手處理的，給了我一個特別簽證。我跟共產黨官員不做任何層面的交往。我又不搞政治，我情緒這方面很強烈的，我沒有辦法。

【編按】

原刊於一九九九年四月號《北京之春》，另收入安琪二〇〇二年在香港出版的《中國民族站起來了？》一書。發表前未能請余英時本人過目。訪談時間在一九九八年四月，地點在普林斯頓大學他辦公室。安琪於六四前曾在《甘肅日報》等多家媒體從事編輯、記者工作。現居法國巴黎。

文中兒童醫院的親戚是顏純，首都醫科大學附屬北京兒童醫院教授，是余英時的表嫂，也就是四姑的兒子項子明（汪志天）的妻子。

李懷宇《余英時談話錄》第八章有〈白色恐怖〉一節，可與安琪訪談中關於白色恐怖的段落相參照。

中共給人民灌輸偽歷史

訪談◎北　明

北：關於義和團和八國聯軍，西方與中國的說法是完全不同的。西方認定仇外心理引發義和團暴動，才引來八國聯軍。請問，中國民間普遍的仇外心理是怎麼來的？

余：仇外有很多原因。被外國欺壓後，清廷威信日漸下降，就發動仇外。義和團影響原本並不大，變大是因為慈禧太后把他們找來。慈禧找義和團，原因是戊戌政變後，她很想廢掉光緒皇帝，另外找她信任的另一個侄兒當皇帝，也就是「大阿哥」溥儁，端郡王載漪之子。但是光緒有外國人的支持，不是慈禧能夠廢掉，她就對外國人越來越仇恨。義和團早已存在，在山東、河北鬧過很多次。最早是反清復明的地下結社，不完全是仇外。他們對國際大勢、帝國主義等問題並不了解，只覺得外國人勢力大，清廷都偏袒外國人，也看不順眼有人依附外國勢力，於是就跟地方上吃教飯的、相信基督教的人有衝突。一八七〇年左右，天津就有教案爭端，由曾國藩去處理。其實清政府官員也未必袒護外國人，怕洋人是有的，無論如何滿清政府處理這類衝突，常引起士紳階層和一般人民的不滿。

這就要講到中國一個傳統，只要中國人跟外國人發生矛盾，大家就必須毫不含糊、毫不打折一起仇外。如果稍微說幾句公道話，說外國人有外國人的道理，外國人習慣也需要尊重之類的，馬上被看成「二毛子」或「漢奸」。

北：怎會有這樣一個傳統？

余：最早從南宋開始。宋朝跟金人打，打不過也不能和，和就被罵「漢奸」。實際上「和」是常態。第一次世界大戰，列寧為了求和，跟德國簽下和平條約，但俄國並沒有人說列寧是俄奸。中國則只要求和就是漢奸，不顧一切就是要打。像甲午戰爭，李鴻章知道不能打，慈禧太后則一定要打。輿論逼得也非打不可。不打就是漢奸。這是士大夫方面。至於民間，外國人來到中國，當然也有不對的地方，摩擦是難免的，摩擦以後就仇外。中國對外國人一向是仇視兼鄙視。後來外國勢力大了，又變成媚外，很複雜的心理。既然從政治中心到社會上、中、下層都有仇外的勢力，慈禧就任由義和團蔓延到北京。義和團演示過，挨刀挨槍，好像刀槍不入。慈禧就相信他們真的可以打外國人。義和團「反清復明」口號就改為「扶清滅洋」了。所以，如果不是慈禧太后有這樣大的改變，義和團是不可能出大事情的。袁世凱在山東一直鎮壓義和團。東南民間也有仇外行動，官員都鎮壓住了。因為這不是解決國際問題的方式。要對付外國人，只能用外國人的方法，也就是「以夷治夷」。靠意氣、民氣或熱情，不可能把外國勢力趕跑。

所以我認為義和團問題不該把眼光放在老百姓仇外。是慈禧太后主動要用義和團，煽動義和團，才闖大禍的。這是滿清朝廷做出來的事情。沒有官方正式支持，不可能有義和團事件，也不可能有八國聯軍。

北：清政府的做法是否跟沒有經驗有關？

余：簡單說就是不懂。費正清最早是研究東南沿海地區對外關係的，從鴉片戰爭前後到五口通商。他看了很多英、美各領事館的報告，跟中國的記載。他說，中國人跟外國人打交道，以為解決問題只要靠私人套交情，完全不知外國人有法律，有制度。中國官場習慣私下跟人稱兄道弟，杯觥交錯，以為公事都可以這樣解決。完全是文化差異。廣州官員老搞不懂：外國人私底下跟我明明是好朋友，怎麼一到談判桌就變臉。他們不知道，公事是公事，私人交情是私人交情。外國人的原則對不對是一回事，原則也都可以商量，但決不可能靠私人交情要人家在原則上讓步的。外國人有一套 negotiation（談判）的辦法，就是商討，大家討價還價。怎樣討價還價，一方面看實力，另外也看技巧，看你能不能拿出說服人的根據。但是中國人不懂這一套，以為只要靠私人交情。要是私人交情沒有用，就認定外國人是混蛋，對付外國人只能用武力之類的。許多誤會就是這樣起來的。

北：八國聯軍進兵北京之前，清政府還殺了五位主張議和的官員（編註：庚子五忠）。

余：對。現代中國最接近義和團的就是文革。文革時要把所有外交部人員撤掉。陳毅也受到批判，說他對外不夠硬。要換一批無知、狂熱、仇外的去主持外交。

北：唐德剛教授在《晚清七十年》，也把義和團跟紅衛兵相比較。

余：一點不錯的。當然還不完全一樣，紅衛兵整個是毛澤東發動的。對社會現象不滿，是任何社會都有的情況。如果沒有人挑撥利用，系統地組織，是不可能爆發大規模暴亂的。所以義和團的重點不該放在老百姓身上。如果政府不仇外，暴亂是可以鎮壓住的，至少可以向老百姓解釋，暴亂只會帶來更大災害，造成更多屈辱。追求國家獨立，要用合乎文明軌道的方式。怎樣參加國際社會，對中國來說是最大的問題。中國也是到最近才慢慢了解什麼叫「國際社會」。過去幾十年，共產黨只知道跟著蘇聯集團走，或者連一起。還要輸出革命，把全世界都改變。

北：「八國聯軍侵略中國，企圖瓜分中國」是中國大陸史學家對庚子禍亂的定論。但是我查閱美國的檔案文獻，發現八國聯軍進兵北京，唯一目的是解救被圍困的公使館。我對中國學界朋友說，這段歷史應該翻案。幾乎所有朋友的反應都是你要謹慎，這是一個太敏感話題。您怎麼看這個問題？

余：我不知道你跟哪些學者談的，是大陸出身的呢還是……

北：大陸的，都是大陸背景的學者。

余：大陸的歷史都是假歷史，是為政治服務的一些教條，所以無所謂翻案，真正歷史還沒出現呢！你只要是說外國人也有他們的道理，各種道德譴責馬上加到你身上，你就不成其為人了。搞政治宣傳最厲害的部分，就是在道德上威脅你，叫你不敢說任何真話。當年湖南的郭嵩燾是駐英國的，他了解外國的種種好處。回來報告就被認為是漢奸。過去有所謂「清議」，士大夫總認為只要你說外國一句好話，說一句真相，不採取極端仇外態度，你就是漢奸。李鴻章明明知道郭嵩燾許多意見是對的，也不敢採用。郭嵩燾是個很了不得的人，日記與著作都出來了。他對外交最注重，在英國住過很多年，跟嚴復很熟。

北：他是駐英國外交官？

余：等於是公使，那時還不叫大使。他知道血脈賁張喊打不能解決問題。他要找出一條辦法來。

帝國主義是事實。所謂帝國主義，就是他們要做生意，要你開門，你不開門，他們最後只有用槍炮了。鴉片戰爭是這樣開始的。一開始英國也不是要用鴉片來害你，而是因為其他外國東西在中國都沒有市場，沒人買得起。這是外國人一個誤會，以為中國這麼多人，市場大得不得了。現在是有了中產階級，可以買些美國貨，兩百年前一百五十年前，哪有可能？英國人賣不掉東西，發現唯一辦法是在印度製造鴉片，中國吃了以後上癮，從此銷路大好，打開中國市場大門。英國才把貿易轉到鴉片。中國政府之所以反對鴉片，最初也是因為銀子大量外流，國庫錢不夠了，才想到要禁鴉片。不完全是道德問題。

北：不知台灣學者對八國聯軍這個話題是否也這樣敏感？

余：我不是專門研究近代史，不好對台灣史學界作概括式的論斷。不過海外史學一般意見，提義和團都認為是無知的莽撞。的確有「吃教飯」的中國人仗勢欺人，更多老百姓則是看所有跟外國有關係的人都不順眼。實際上中國到今天還有類似現象。從前跟蘇聯親，奉蘇聯為「老大哥」。蘇聯出了什麼歷史理論，中國都不敢懷疑。蘇聯怎麼講歐洲史、世界史，中國都照著說。換作是美國，就罵是「帝國主義」。

北：八國聯軍進兵北京之前，俄國出兵滿州，把東三省給佔了。中國大陸的歷史教科書卻不太提。

余：八國聯軍要個別地看。俄國大概野心最大，日本也有，但那時表現還比較溫和。美國因為隔著太平洋，很遠，所以政策是門戶開放，希望大家公平競爭中國這個市場。美國為自己的利益著想，願意保持中國的和平開放。所謂「瓜分中國」，其實是自己嚇唬自己，並沒確實根據。研究當時各國外交檔案，絕對找不出瓜分中國的計畫。那是不可能的。那些國家各有各的想法，怎麼瓜分呢？誰佔哪裡呢？頂多就是租界，有租界就有個根據地，等於今天歐美大企業到上海、廣州佔些地方，開公司，實際上就是變相的租界。

北：我想確證一下，台灣史學界根本不存在「八國聯軍侵略中國」這個課題，是嗎？

余：這完全是共產黨政治運動製造出來的東西，根本不是歷史，是偽造的歷史。外國也有許多研究，都是比較客觀的。加州有位學者專題研究民間文化心理。Wellesley 女子學院有位教授叫 Paul Cohen 最近也寫一本書，是從歷史的角度分析人民的心理和民間文化。都沒有特別強調八國聯軍，帝國主義侵略這一方面。[1]

北：為了把偽歷史顛覆過來……

余：那只有將來學術完全自由以後才可以，資料才能開放。你必須根據原始資料說話，比如你在美國國會找到的資料，還有中國檔案，各地方的縣志和記載。共產黨也編過義和團的一套書，也有些資料，資料是可靠的，但是還不完整，因為有刪節。它是把自己需要的放進去，不需要的就沒放進去。所以要從多方面看，歷史研究的第一步是把一切事實整理出來，不可未研究之先，先抱著道德判斷的結論。

北：由於偽歷史的存在，就產生揭穿偽歷史的必要。

余：這不是容易的事。教育還在共產黨掌握之下，中小學生學的聽到的都是如此。收集一下大陸教科書就會明白。

北：說當年外國對華貿易是一種侵略行為，成立嗎？

---

1 編註：加州學者指周錫瑞（Joseph Esherick），一九八七年出版《義和團運動的起源》一書。Paul Cohen 中文名柯文，一九九七年出版《歷史三調：作為事件、經歷和神話的義和團》。

余：通常，侵略是指武力佔領別國。如果別國只是想跟你做生意，你也有市場，這樣算侵略的話，全世界每個國家都是帝國主義者，中國也是。中國不是很早就向東南亞展開貿易嗎？今天我們說的「絲綢之路」，就是中國把絲綢賣給中亞，一直賣到羅馬。中國也要打開外國市場，那是否可以說中國早就是帝國主義了？所以我想這是定義的問題。如果把做生意都當成帝國主義，那麼世界上沒有一國不是帝國主義。

北：應當具體看看貿易協定的條款是否公平合理，不是嗎？

余：公平是相對的，沒有絕對的公平。中國從前沒參加過國際社會活動，根本不知道有國際公法。要等到總理各國事務衙門成立，等於是有史以來第一個外交部，才接觸到國際公法。從前只有對滿、蒙的理藩院，後來是和西方打交道，需要管理「夷務」，才需要這個總理衙門，並開始翻譯國際公法，開始進入國際社會。當然是外國人逼的，但是外國人不是專門針對中國。商人貿易是希臘開始的。貿易是西方文化的一個特色，商人到處都去，是他們的生存條件。所以十六、七世紀後，連美國也要拓展貿易，為了取得新的資源和市場而向全世界擴張。這是西方一個特色。你說它是帝國主義也可以，說是擴張政策也可以，但癥結還是看你怎麼應付。日本也是西方貿易擴張對象，就應付得很好，靠自己站起來，沒被犧牲，還變成列強之一。
中國則是失敗的反應，變成老是被欺負的感覺。事實上，人家逼你做生意，很難說是欺負。欺負是用大炮做後盾，例如林則徐想閉關，外國人非要五口通商，就鴉片戰爭了。

打敗就必須簽條約，當然可以說是帝國主義，因為是被迫開放。但外國目的並不在領土，不像俄國和日本對中國都有領土野心。尤其美國那麼遠，對中國並沒領土野心。這就是費正清所謂的「條約體系」代替「朝貢體系」。從前中國政府做生意的方式是朝貢，外國人來貢獻些東西，實際上是要你給的相等回報。漢朝給匈奴是用中國市場供應的絲、米、酒。匈奴則給漢朝送一些馬或其他中亞特產。所以朝貢算是做生意的一種方式。這種體制維持到清朝中葉，是鴉片戰爭訂立條約，才改成根據條約作生意，口岸必須開放，必須讓外國商人進來。你可以解釋為侵略，但這說法的另一面就是中國沒有辦法應付，不知道國際貿易怎麼做。

在十九世紀，西方的海洋國家都在向外擴張，政府在後面支持。西方人不管來到中國還是去非洲，都有兩種人，一種來傳教，一種來做生意。兩種活動都在推展影響力或勢力，你可以說他有侵略性，但這是他文化內部不可消滅的傾向，今天還是如此。今天西方到全世界還是要做生意，到全世界還是要傳教。就看你會不會應付。中國就是應付失敗，才變成被侵略的對象。

我不否認「侵略」兩個字可以用，但要看你怎麼個用法。為什麼日本就不會被侵略呢？日本小歸小，一八五三年也訂了條約，很快就翻身過來了。日本是「以其人之道，還治其人之身」。

北：美國在近代中國的災難中，有多次涉入，主持公道。例如庚子賠款的談判，美方代表堅持金額一定要在中國能力負擔範圍之內。門戶開放政策，也確保了中國領土完整。美國在參與二戰前，也為了日本侵華而對日本實施經濟制裁。這樣可不可以說，雖然都是帝國主義，美國卻跟英、俄等國的帝國主義不一樣，是比較講道義原則的？

余：若只看行為，美國在所有帝國主義中大概是對中國危害最輕的。原因是美國離中國很遠，中國門戶開放最符合美國的國家利益，這樣大家利益均分。美國第一步一定是站在自己國家利益上。但是美國卻有一種建國理想遺留下來的道德精神，這也是不能否認的。因為曾經是殖民地，它曉得侵略別國、消滅別國是不對的。這個道德原則今天也還有，才會搞出「人權外交」。

所以美國外交有兩個面向，一是實際利益的面向，一是理想主義的面向。英國、俄國或者後來日本表現的那種窮凶極惡的面目，在美國確實不容易找得到。雖不放棄利益，手段卻有一定的節制，否則國內輿論會大加撻伐。

其實就算是英國，也不能完全說是混蛋。幾十年前我在哈佛大學做學生時，寫過一篇論文講鴉片戰爭以前的貿易。我也查過英國國會檔案，發現英國國會也以為用鴉片戰爭取得中國利益是可恥的。也不是沒有這種聲音，只是不像美國那麼大。我認為每個國家，只要稍有文明，都有某種起碼的道德意識，只是有時被利益壓住而已。所以，回來講美國，第一，利益它是要的，但絕對不會為了利益就不顧一切，窮凶極惡，這是民意所不允許的。否則，選舉的時候別人就會拿這個來攻擊你，不可能選上。你說這位美國官員是為了利益也可以，並不是人特別好。但美國除了利益，還有起碼的、大家共同接受的道德意識。在美國，明顯違背某些原則，例如阿富汗戰場上一點不人道行為，馬上就會引來政壇對手的攻擊，新聞界也不會放過。所以看美國精神，一定要看兩面。

要說美國是帝國主義中對中國最加以保護的，這是沒有問題的。五十年代有很大的一本《美國侵華史》，作者叫卿汝楫，把所有美國行為都寫成帝國主義侵略，那是為政治宣傳而寫的。你說的這些檔案，就算他有機會看到也不會用的，因為早已有了結論。一八四四年，中美訂《望廈條約》時，美方代表顧盛就送給中方代表耆英一些槍枝模型，要中國必須發展武力，才能抵抗侵略。

美國還有一位外交官叫蒲安臣（Anson Burlingame），從美國外交界退休後，在一八六八年受清朝政府委聘為全權使節，幫中國向西方各國辦外交。當年許多事務，中國人不懂，都是他幫忙。中國政府信任他，他也確實表現誠意。可以看出美國對於中國至少沒有領土野心。再來，美國也不希望其他國家分贓一樣到處亂搶，希望在中國建立某種秩序，某種自由，大家都可以來，讓中國自己也可以發展。這是美國一個基本政策。

美國本身，很長期的時間都是實行門羅主義和孤立主義，只管美國的利益。是威爾遜總統打第一次世界大戰，美國才算是捲入世界事務。威爾遜已經看出來，美國力量越來越大之後，對世界就有責任了。但是國會在三十年代還是通過四次《中立法案》（Neutrality

Act），禁止美國捲入任何外國戰爭。所以胡適在一九三七年來美國做大使，是必須跟這個《中立法案》搏鬥的。當時中國跟日本在戰爭狀態，但美國有這個《中立法案》，就不能幫助中國，逼得羅斯福只能繞各種彎子幫中國的忙。例如兩千五百萬借款，必須用中國的錫作抵押，後來用桐油。是後來有了珍珠港事變，美國才能正式援助中國。羅斯福一直傾向中國。美日談判時，日本曾主張用美國承認滿洲國，交換日本從中國撤兵。羅斯福卻不肯，因為他認為中國不可能允許整個東北都給日本。美國人對中國多多少少有一種浪漫的想像。甚至可以說，美國人覺得可以和中國人做朋友。

北：美國花了一百年緊守門羅主義與孤立主義，才走上世界。

余：是啊，因為國力越來越強，才被逼上世界舞台。美國本來並不想要作超級大國，也不想稱霸世界，是形勢逼它非如此不可。二戰前夕英國促美國參加歐戰，中國和日本也都分別尋求美國的支持，但在珍珠港之前它一直不參戰。二戰後，蘇聯強大起來，又到處侵略，把東歐國家全變成衛星國，還要向歐洲、遠東進軍。越南、北韓、中共政權，某種程度都是蘇聯支持成功的，對不對？所以美國沒辦法逃避責任，再躲下去也會遭到禍患。別看美國平時吊兒郎當，內部又一直爭吵，真有九一一、珍珠港這種事，也是會拚命的。人都有求生本能，何況大國？別以為你可以把美國人騙一騙，哄一哄。

北：令人感慨的是，中國大陸都以為美國跟著八國聯軍一塊打中國，火燒圓明園。

余：圓明園早在一八六〇年英法戰爭就燒掉了。以後搶東西，搶最多的時候是義和團。

北：對。我查到的資料是，八國聯軍佔領北京期間，美國佔領區是故宮。如果美國要燒殺搶掠，早就沒有故宮了。何況當時美國佔領區的社會秩序，還是恢復最好也最早的。

余：我們今天不必強調「美國對中國一向友好」這類說法。就根據歷史事實，指出美國有自己的在華利益，決不放過。但作為八國聯軍的一分子，美國行為算是比較合乎文明規則的。客觀上，也對中國起了較好的作用。這是無可否認的事實。正如你說的，美國人始終認為不應該拿庚子賠款，才照中國的意思建立清華學校。英國也退還部分，成立中英庚款董事會，創造雙方文化交流。只有俄國的錢，一個都沒退！聞一多死了以後，許多人紀念聞一多，照著共產黨的調子起舞，就說清華是美國帝國主義者用中國人民血汗錢堆砌起來的，想在文化上征服中國。梁實秋在《談聞一多》裡就寫說：沒錯，清華是用中國人民血汗錢庚子賠款堆砌起來的，但八國聯軍只有這麼一個「帝國主義者」退還庚子賠款堆砌這麼一個學校。到今天清華在共產黨的政治上還佔著最高地位。但其他國家，包括俄國，賠款也不知道哪去了。所以就客觀講，你不能說美國是窮凶極惡的帝國主義。

北：再請問，美國的外交政策中，基督教傳統有起作用嗎？

余：早期當然有影響，因為許多移民就是反抗英國宗教壓迫才渡海過來的。但政教分離以後，基督教影響便相對減弱了。

北：請問您還有什麼要補充的？

余：我主張對一百年的中國外交史進行研究時，要避免情緒反應。白魯恂（Lucian Pye）研究中國近現代政治文化，就說中國人像哭鬧的嬰兒（crying baby），動不動大哭大鬧，說外國人欺負我。蔣廷黻在美國受了史學訓練，回去研究中國外交史，就是要打破這個觀念。不要什麼都罵「帝國主義」，沒用的。帝國主義是個事實，西方勢力要做生意要到你這兒來了，你沒辦法擋，就看你怎麼反應，怎麼解決問題。

日本是最好的例子。德川幕府早在一八五五年便開始自造西式輪船，一八五六年日本更直接求助於法國，建造了第一所現代船廠。一八六七年王文韶在漢口任道台，法國領事來拜訪他，就建議說法國可以幫忙，跟幫日本一樣為中國建立海軍。這一段交往寫在王文韶日記。可見，當時中國如果跟日本一樣，開始軍事現代化，一步一步走，也可以解決問題。可是咸豐死後，滿清朝廷就控制在一個無知、能幹、欲望極大的老太太手上。啊，本來不是老太太，是漂亮的年輕寡婦。但也必須承認，她算是能幹，幫滿清政權延長了五十年生命。

北：但她對外不行啊。

余：基本上我認為是知識的問題。所以五四以後講救國，多數人都認為必須從教育開始。教育程度不到，一點辦法沒有。今天阿拉伯世界也是教育問題，教育始終控制在基本教義派的宗教狂熱分子手上，都在灌輸仇恨外國的一套。這樣下去，只有造成災害。美國為了利益所在，也一樣可以跟你拚命。要跟美國人打交道，就是要分清楚你的道理、我的道理，看有沒共同接受的道理，有沒彼此都有好處的辦法。怎麼樣把單方面吃虧變成雙方都有好處，這才是正道。

一味鼓動民氣，真正打仗是沒用的。日本人侵略中國，當時中國民氣昂揚，但死了多少人？如果沒有珍珠港偷襲，日本人還不知道什麼時候才會從中國撤退呢！國民黨固然不行了，八一三就把精銳軍隊搞光了，共產黨又何嘗打過一仗？頂多在對方不動手的情況下偷偷打游擊，為了搶國民黨軍隊的武器，發展自己的勢力！

北：而且毛澤東規定不許跟日本人打正規戰。

余：國家要站起來，第一個恐怕是知識問題，對別人了解，也對自己了解，吸收最新科技，並能夠運用。這個需要好的制度。如果沒有制度，只會越搞越壞。就跟蘇聯一樣。從前蘇聯科技已發展得很高，卻未能挽救共產體制的崩潰。

【編按】

原版接近逐字稿，本書版本有精簡濃縮。原題〈中國近代史諸問題〉，二〇〇七年七月二十六日刊於美國《多維》網站，再轉刊於石家莊《社會科學論壇》二〇〇八年第二期，採訪者改用本名趙曉明。採訪時間為二〇〇二年二月十七日，地點在余宅。原版有經過余英時過目。

發表後引來冼岩〈被催眠的余英時〉一文，也發表在《多維》，但轉刊於中國境內《烏有之鄉》網站時，改用筆名「閒言」。這篇罵余英時是美國華人學者中「被西方、尤其是美國洗腦的代表人物」，並抨擊余英時「中國應付失敗才變侵略的對象」的說法是「為強姦犯辯護的邏輯」。

北明曾是山西社會科學院文學所助理研究員，六四後曾入獄。一九九二年與夫婿鄭義一起逃到香港，轉赴美國。現為自由撰稿者，並在自由亞洲電台主持節目。

反共不是反所有共產黨員

記錄◎北　明

你們稱許我的那些話，你們自己也都做到了。並不是我有什麼特別高尚人格，我也沒有要努力讓自己成聖成賢，所以我從來不承認我是儒家。我覺得每個人只對自己負責。但是有一點我跟你們大家都共同的，我們選擇我們的價值，選擇以後就相信這個價值，保衛這個價值，如此而已。

我寫《方以智晚節考》的時候，恰好遇到一個大變局。共產黨剛剛進聯合國，那是一九七一年，對台灣來的留學生好像明清之際改朝換代一樣。他們一夜之間便認同了中共。所以我引黃宗羲論張蒼水之死，感慨「形勢」一變，「人心」便跟著變了，所謂「形勢比人強」。中共的極權統治比國民黨的專制要厲害得多，何以鄙棄一個「無道」政權，卻去擁抱另一個更「無道」的暴政呢？

六四至今十八年，我又見到歷史重演。一九八九時全世界人心都向著天安門的民主運動，但今天海外華人絕大多數都在為中共喝采了，因為中共用權力一小部分交換了市場經濟，有錢可賺，人心又跟著變了。可是我想，總要有少數人，能夠把人的價值維持住。人數不可能多的，這可以說是「反共」，但「反」的是摧毀人的價值的一套體制，也不是反所有共產黨人，因為其中也有不少覺醒了的個人，更談不上「反華」。

培瑞說到中共誣他「反華」，這是利用名詞混淆。黨、政府、國家三者都不同，中共以暴力征服了中國，組成了政府，然而並不代表中國絕大多數人民的利益，而是恰得其反。所以說我們反共是沒有問題的。我們反共正是因為愛護中國。我有些朋友寫文章，也都提到我「太反共了」。這個「太反共」並不是一句恭維的話呀。這就是說，我太不識時務。我想，不識時務的人總要有。也不在多。能夠有少數就行。你們大家各個都跟我一樣，並不是我有什麼特別。

我最近看了《吳宓日記續編》，非常受感動。他在日記中一再說：「我是身降心不降」。他被打成那樣，從頭到尾他維護中國文化。我本來並不贊成吳宓那一套想法，他是過分保守，可是那個精神是真的。只要是真的信仰，哪怕信仰的內容是你不同意的，你都要尊敬。這就是我說的，如果今天還有人真的相信馬克思、真的相信斯大林，把命都拚上去，我還尊敬你。我不同意你，反對你，但我還是尊敬你。如果你根本是假的，那是另外一回事。

所以我想我們今天這個慶祝，也不要慶祝我，而是我們互相慶祝。我們還能夠有共同的價值，還能共同守在這兒。我們跟古人的困難是不能比的。像方以智，命都送掉了。顧頡剛也罷，吳宓也罷，罪受那麼大，還是承擔下來。比起來我們算是很好了。你們在六四也就是一段時期困難，後來還不是過來了？跟古人最艱苦的狀況比，我們受的難不算什麼。所以我想我們大家就互相勉勵，互相支持，互相支援。這樣我們中國學社表面存不存在，組織上存不存在，都不重要，精神上存在就行。

【編按】

這段談話節錄自北明〈中國當代社會諸問題〉一文，原刊二〇〇七年五月《歐洲之聲》（Sino Euro Voices）網站。全文是一場聚會談話的逐字稿，發表前有給余英時看過。與會者按發言順序有余英時、北明、陳奎德、張伯笠、邵新明、蘇煒、林培瑞（Perry Link）、胡平、溫克堅、鄭義、阮若英、蘇紹智。余英時甫在二〇〇六年十一月榮獲克魯格獎，大家選在二〇〇七年一月六日聚會為他慶祝，地點在普林斯頓。

本書只摘錄余英時開場的部分。他所說的《方以智晚節考》引文，出現在〈餘論〉章的註二四三，此註引用黃宗羲〈兵部左侍郎蒼水張公墓誌銘〉，張蒼水就是南明將領張煌言，康熙年間被清兵所俘，殉國。余英時引用的，是黃宗羲把他跟文天祥相提並論那段：

皆吹冷燄於灰燼之中，無尺地一民可據，止憑此一線未死之人心，以為鼓盪。然而形勢昭然者也，人心莫測者也，其昭然者不足以制，其莫測者亦從而轉矣。唯兩公之心匪石不可轉。故百死之餘，愈見光彩。

余英時在這條註解中寫說，「其昭然者不足以制，其莫測者亦從而轉矣」一句讀來最是「深切而沉痛」。

奉儒學為意識形態很不智

訪談◎馬國川

馬：隨著中國經濟實力增長，人們熱議「中國模式」。您對於「中國模式」有何評價？

余：絕對政治控制下的市場不是「自由市場」。我讀《紐約時報》多次專欄報導，知道今天大陸市場全控制在一百二、三十個國有企業之手，它們壟斷一切資源，利用廉價勞工，吸引大量外資。發財之後大量建設硬體，鐵路、公路、建築物在各地都興起了，外表十分壯觀，內情則不可說。私人企業也偶有成功的，但有錢而無權作後盾，是保不住的。這就是所謂「中國模式」嗎？所謂模式是能讓別人也可以仿效，「中國模式」誰能仿效呢？某種程度上集權體制似乎效率很高，但是一旦做出錯誤決定，後果就不堪設想。所以我認為，中國現行體制根本談不上「模式」。

馬：現在許多人相信，有了錢就可以買一切，有權力也可以吸引一切。

余：一般講，中國老百姓都是比較聽話、比較順從、比較服從權威的，不大容易造反。中國多少年來比較安定，也有賴於此。人民沒有自覺性，只要給點小恩小惠就得過且過了。

知識界也是如此，知識分子被權和錢雙重腐蝕得相當多了。不過，我所接觸的學者中，還有不少有正義感、不為自己謀利，肯為中國著想的人。從前只有講權力，完全變成了一個權力操控的社會。現在呢，把權力放出一部分賺錢，再以金錢來養權力，因此造成普遍的腐化。反腐敗不會有效果的，反而可以用利益收買一大批人擁護、歌頌現行體制，甚至稱其為「新模式」。實際上這種模式是維持不住的。另外，現在法律得不到執行，「我爸是李剛」就可以少判幾年。[1] 長此以往，怎麼能維持長治久安呢？對中國的思考，必須要跳出圈圈，六十多年搞下來，許多人思維無形中就被困住了。

馬：官方對於「中國模式」也抱著謹慎態度，因為現在各種社會矛盾很多，貧富矛盾加深，遠沒有到歌舞昇平的時候。其實，比貧富矛盾更深層的矛盾是官民對立。

余：中國是一個官本位國家，一點都不假。從前大學校長如蔡元培，受到知識界、文化界的普遍尊敬，聲望甚至超過元首。現在的大學校長只是一個個司局長或副部長，沒有人知道中國有什麼好的大學校長，成為精神領袖的更沒有，所以文化墮落。不要說別的，至今沒有出過一個獲得諾貝爾獎的科學家，華裔拿到諾貝爾獎的都是在美國訓練出來的，都是美國人。你看，日本出了多少諾貝爾獎？

馬：但是一些人仍然信心滿滿，只要有了錢，就可以打造一個大國，現在「大國崛起」的聲浪很高哩。

余：我承認，現在大陸的經濟實力在增強。但是，是不是一個文明大國，要比文化，要比藝術，要比科學，比人文研究。並不是有錢了，就能夠成為現代國家。腰纏萬貫的暴發戶並不等於有教養、使人起敬的社會菁英。

馬：與宣揚「中國模式」相呼應，一些人極力反對「普世價值」，指責普世價值是西方的價值。

余：所謂普世價值，如人權、自由之類中國古已有之，只是沒有西方所流行的這些名詞罷了。比如，孟子講「明君制民之產」，就是講政府對人民應盡的義務，反過來說也就是人民的基本權利，其中不只包括田產權、工作權，也包括教育權（為「庠序之教」）等。「民主」雖然不是中國名詞，但是要給老百姓權利，以老百姓為主體，這種觀念早就有，否則《尚書．泰誓》怎麼說「天視自我民視，天聽自我民聽」呢？「天」比皇帝更大更高，而「天」是代表老百姓的。所以，民主其實人人心裡都有，都嚮往的。「己所不欲勿施於人」，就是一種民主態度。人權的核心觀念是每一個人的尊嚴，能自己做主，這在儒、道兩家文本中都可找到。清末以來，許多學者，包括孫中山在內，都已做了不少努力，要在中國傳統中找普世價值。胡適去美國演講（四十年代），也強調中國

---

1 編註：二〇一〇年十月發生在河北省保定市的車禍事件，肇事者酒醉開車，造成一死一傷，肇逃當下大喊：「我爸是李剛」，使這句話馬上成為網路流行語。

的「民主」雖未發展成功，卻具有一些重要的「歷史基礎」。不能說，西方才是文明的主流，普世價值就是西方的。中國也有普世價值，應該把自己文化傳統裡的普世價值好好進行整理。不但中國有，印度也早有自由、平等之類的「普世價值」，阿瑪蒂亞·森（Amartya Sen）已有文章指出。

馬：普世價值的觀念在中國遭受了很大曲解。

余：曲解後就被維護體制的人利用，西方的東西我們要不要？偶爾有說「民主是個好東西」就不得了了，那都是廢話嘛。如果不承認「民主是好東西」的話，共和國也不是好東西了。那還是回到皇帝制度吧，回得去嗎？中國人一直講搞政治要靠民心，如果得不到民心就完了。

馬：能不能說，在現代社會所謂「民心」，某種意義上也就是普世價值？

余：是普世價值。每個人生下來都要自己做主，都有自己選擇的權利。這就是所謂自由。佛經上到處都是自由、平等。權利和義務是相對的，不能說只有義務沒有權利。中國語言是從義務方面著眼，不強調應該得到什麼。強調我應該做的，對別人來說就是權利。兩種不同的語言。講的是同一個事實。動輒反西方，完全對歷史不了解，而且封閉歷史、曲解歷史，這樣下去，中國哪能變成大國呢？

馬：看來，你對未來是悲觀的。

余：短期，我有點悲觀；長期，我是樂觀的。利用廉價勞工和資源，經濟高速增長能夠維持嗎？如果社會越來越不平等、不公平，將來如何維持秩序？如果不能維持秩序，黑社會也會越來越厲害。隨著早期革命時期出現的「強人」的凋零，集權體制越來越難以維持了。大的變局很快會出現的。

馬：清末以來，中國的民族主義開始出現，辛亥革命以後民族主義愈益發展。近年以來，民族主義思潮又興起。在權威消失、社會解體的過程中，會不會出現一些人利用民族主義，走上二戰前日本或德國的道路呢？

余：這種可能性是存在的。民族主義的激情很容易煽動起來，義和團便是前車之鑒。現在搞民族主義，就是要轉移視線，把國內矛盾轉移到外面去。那就可能造成世界大戰，不是暴力革命的問題了。民族主義是一個雙刃劍，最後也可以傷到始作俑者。

我對現實不抱太多的幻想。但是我相信，中國有這樣悠久的文明傳統，中國社會裡總有一些精神力量是會發揮作用的。必須有社會空間、文化空間，政治無法完全干預。文革時代大概是徹頭徹尾的控制和操縱，現在有人想重新搞「文革」那一套，我相信是絕對做不到的，對一般老百姓不會有影響的。

對中國未來不必那麼悲觀，十幾億人，每個人總有一些小空間做自己的事情。不能把注意力、理想寄託在政治權力上，政治權力是暫時性的，一時威風凜凜，過時就不行了。千萬不要心灰意冷，還要繼續向前，各盡本分。現在社會文化各方面可以改進的地方太多了，也有許多空間還可以做事。等到有一天有變化以後，這些東西都有用了。

馬：辛亥革命以來，甚至是從鴉片戰爭以來，中國一直在現代化的道路上摸索前進。在現代化進程中，中國的文化傳統如何確立自己的現代身分？這是你多年研究的一個問題，也是許多人關注的一個問題。

余：中國文化傳統裡許多價值可以在日常生活中發揮作用的，但是不可能作為將來中國的指導原則，也不可能成為新的意識形態。現代社會有公領域和私領域。在公領域，只有實行民主選舉、司法公正等現代制度。私領域就是個人道德、人和人之間關係，儒家思想可以發揮作用。儒家本身不能直接變成憲法，只能是社會上的一種文化力量，用來處理人與人之間的問題。西方主要是靠宗教，如果把儒釋道三教都丟掉了，中國的精神領域便未免太貧乏了。

馬：現在中國社會一方面沒有宗教信仰，另一方面儒家的東西被破壞殆盡。沒有價值觀念，沒有信仰，沒有底線。

余：尤其是一九四九年以來，一方面把中國文化傳統當作封建毒素來批判和咒罵，另一方面把西方文明批評為資產階級的遮羞布而痛斥之。結果把所有文明都搞光了，最後推崇的就是階級鬥爭之類的暴力。在現代社會重新建立價值觀念，只能由普通人民在日常生活中逐漸培養出來，決不能靠政治力量從上而下強迫灌輸。中國人要培養一些價值，這些價值在中國既有底子，又跟其他文明價值可以配合。這就是我們文化界、學術界、藝術界所當共同建設、共同努力的方向。

馬：中國文化傳統裡面是有資源可以利用的。

余：從儒、釋、道到民間文化中都有許多精神資源可以提煉出來和現代生活互相配搭。有些價值雖受反傳統潮流的衝擊，仍潛在於人心中，時機一變，可以召喚回來。關於怎麼樣處理人與人的關係，如何處理好天理人情，這是中國很特殊的地方，文化傳統也可以解決實際問題。學術上、思想上、文化上、日常生活中的價值層面，儒家有些價值可以復活。不過，「三綱五常」已決不可能恢復了。現在一些人提倡把儒家作為一個替代性的意識形態，高揚民族主義，若如此，則是把中國傳統又糟蹋一次，在老「孔家店」倒完了以後再造新「孔家店」，這是一個很不智的事情。要把私領域跟公領域區分開。公領域不可能由儒家來掛帥。因為除了伊斯蘭教，現在任何國家都不允許任何一家教義或學術在憲法內占主要位置。大家可以有各種信仰，不同信仰的自由都可以在憲法內得到保證。

【編按】

本篇是摘錄，原文〈回首辛亥革命，重建價值觀念〉收在二〇一一年馬國川《沒有皇帝的中國——辛亥百年訪談錄》一書。採訪時間是二〇一一年六月二十二日，北京與普林斯頓電話連線。馬國川是北京《財經》雜誌主筆。

余英時反對把儒家思想變成一種意識形態，是他「儒學游魂論」的延伸。「儒學游魂論」首見於一九八八年〈現代儒學的困境〉一文，此文在新加坡寫成，在新加坡發表，當時國際上「亞洲價值可否同普世價值分庭抗禮」的辯論還未真正發生，但新加坡已在全力提倡儒家思想以對抗西方價值。《中國文化與現代變遷》一書有收這篇。後在一九九二年〈現代儒學的回顧與展望〉一文闡釋更細，此文收入《歷史人物與文化危機》一書。

「儒學游魂論」簡單說，就是儒學不像基督教有自己的組織，它在辛亥革命以前的中國發生莫大影響，是透過禮儀、典章、法律、族規、家法等等，也就是全面建制化。但如今建制已一去不返，所以儒學已成「游魂」。如今就算想借屍還魂，也只能透過日用常行（修身），而不是透過公領域的立法（齊家、治國、平天下）。

孔子學院不可怕，是可笑

訪談◎北　明

北： 中國當局從本世紀初開始，在全球範圍推動漢語教學，公開說法是「要讓漢語走向世界」。您認為，是什麼原因促使一個過去不注重文化教育的領導集團，現在要以國家的力量在全球推動漢語？

余： 最初的動機就是做生意，多些外國人學漢語，跟中國人打交道，這樣做生意方便。從實用觀點，這是一個實在的要求。

北： 中國教育部下屬的「國家漢語國際推廣領導小組」把這種語言學院叫做「孔子學院」。從五四運動開始，中國知識分子反對中國傳統文化，六、七十年代中共中央更號召「破四舊、立四新」，還要「打倒孔家店」，文化大革命就是革中國文化的命。可是為什麼現在卻要把推廣漢語的學院冠上「孔子」之名？是要傳播中國文化嗎？

余： 哈哈，絕對沒要傳播孔子思想，也沒要傳播中國文化。純是因為孔子的名字全世界都知道。現在不好用馬列主義，只能用孔子。八十年代初我在新加坡，山東幹部到新加坡推銷中國菜，就打孔子的旗號，說是「孔府宴席」。這是同樣的辦法，都是拿孔子名義做號召，給人家一個幻覺，好像共產黨現在對孔子態度變了，認同孔子了。其實它的意識形態從沒變過，五四時期反儒家，現在還是在反儒家。

有一件事大家必須注意：現在為止，「國際儒聯」[1]等各種組織，都屬於民間或半民間的，官方從來不出面。台上有權力的人，胡錦濤也罷，溫家寶也罷，沒有一個人敢站出來公開讚揚孔子。前一陣子在天安門出現一座孔子雕像，內部馬上反應激烈，即刻就移走了。所以用孔子名義推廣漢語，與意識形態轉變毫無關係。

北：所以您不認為孔子學院意味中國對儒學發生了興趣，要推廣中國傳統文化？

余：共產黨推廣漢語有兩種作用，第一是我剛才說的經濟，另一個是政治，政治就是統戰。不只是統戰，我還看過廣州《南方周末》登過一篇文章，是加拿大一個學者跟記者的談話。這個學者說，加拿大一個孔子學院根本就是搞情報工作的。換句話說，給共產黨搞情報，不只是教學而已。

北：根據三月七日《紐約時報》一篇報導：由於孔子學院掌握資金，控制師資，請國內的老師來海外教漢語，導致當地學校原本的漢語師資受到排擠，一些教授失去教職。瑞典皇家學院馬悅然教授二〇一一年十二月號《明報月刊》撰文說：「美國大學裡的中文系如果接納了孔子學院，該系從大學得到的補助金就會減少，影響教學水平。問題的核心是孔子學院提供的漢語教學與真正的漢學研究一點關係都沒有。因此過去對漢學研究很有貢獻的大學中文系，慢慢地會變成教普通話的學校。」您對此有什麼評價？

余：很簡單，他們現在有了錢，為了政治目的，就用錢來買學校，用錢打進美國、英國、瑞典大學的漢語教學，從這裡入手，用錢去限制這些大學必須接受一些條件，什麼條件呢？比如說，不要聘請反對中共政權的教授，逼得許多教授在拿到長期聘約以前，不敢發表反對言論，因為怕學校開除。美國也是一樣。

北：您剛才提到孔子學院商業目的之外還有政治目的……

余：現在政治目的超過商業目的了。

北：有人擔憂孔子學院傳授漢語的同時，也傳授意識形態。您認為中國當局在西方自由主義陣營尤其是大學裡，推銷馬列主義，這有可能嗎？

余：我覺得沒有可能，而且他們也沒這個意圖。馬列主義他們自己也不信了，根本就不提了。他們現在信的就是一黨專政。他現在要各國接受這樣一個事實：一黨專政就是中國式民主，一黨專政跟中國傳統有關，跟孔子有關。他們在國內提倡孔子，主要原因就是看中了孔子叫人家不要犯上作亂，但是孔子批判現實政權之類的東西他們就一概不接受

1 編註：國際儒學聯合會，一九九四年十月在北京成立。二〇一九到二〇二四年的會長是劉延東，她是國務院副總理卸任。進入政治局之前的職務是統戰部長。

了。這是重新開張「孔家店」，因為「馬家店」已經失敗。

北： 西方國家也有對外傳播文化的機構，比如英國文化協會、德國歌德學院、美國新聞處。在您看來，孔子學院與西方這些文化傳播機構有什麼不同？

余： 第一是強不強迫的差別。比如說我五十年代在香港讀書，要看西方的書只有兩個地方可以看到，當時香港還沒公共圖書館。一是美國新聞處，一是 British Council，英國文化協會，都有很多書可以去借。他們就是被動等人上門，希望你有機會來了解我們英國或美國。他們也辦些刊物，《今日美國》就是美國新聞處辦的[2]，也宣傳他自己。可是都是自由的，你不願意來也就算了。他們不可能拿錢去貼給學校機構，來強迫執行某些文化政策。那是真正的文化交流，沒有政治目的，頂多是覺得民主、自由這些普世價值是他們占優勢，希望這些價值可以被更多非西方地區接受。

北： 是不是還有操作方式的不同？他們不進入大學去設一個機構，給錢，也管師資？

余： 這就是我要想說的下一個問題。孔子學院已經擴張到三百多，四百左右了。這是為了統戰，是直接用政治力量進入別國文化教育的核心地區，希望改變別人對中共政權的看法！不但統戰，而且威脅接受津貼的學校，控制西方漢學發展的方向。要是有教授罵共產黨的話，就不給錢了。現在美國經濟情況很差，有些州立學校或者其他學校馬上就恐懼了，害反共的學人在學校可能待不住。他給錢很多的，可能越來越多。有些學校抗拒不了誘惑，難免屈服。反共的人，批評所謂「中華人民共和國」非常嚴厲的人，就不敢批評了，擔心失去拿到長期聘約的機會。這是他們所要達到的目的。換句話說，中國想在西方國家特別是美國，造成一種情況，就是大家都認為中國只有共產黨，那是天經地義的，是合乎歷史傳統的，是合乎孔子之教的。

北：大陸有持新儒學觀點的學者認為，不管如何，只要中國當局打出孔子的旗號做事，不管教漢語還是做別的，都有積極的意義。您怎麼看？

余：完全相反！我許多朋友都有這樣的看法：提倡孔子總是好的。我說，共產黨一提倡孔子與儒學，就是一種「死亡之吻」，Kiss of Death。

北：共產黨堅持不下去，意識形態已經不行了。

余：不是堅持不下去，是他一提倡你，你就死掉了！孔子也罷，儒學也罷，會變成非常負面的東西。

北：您的意思是說，「死亡之吻」不是對共產黨而言，而是對儒學？

余：不是對共產黨，而是共產黨親近孔子，褒揚儒學，就是對儒學的「死亡之吻」，導致孔子再一次死亡。

---

2 編註：《今日美國》是一九四九年創刊，一九五二年改名《今日世界》。

北：當局利用孔子自我拯救，把孔子的名譽破壞了，自己卻獲得新生。

余：對。孔子變成清末以來大家要打倒的那種壞的孔教，「孔家店」。他重新開張的是「孔家店」，不是孔子的儒教。

北：這觀點太重要了！孔家店跟孔子的儒學是有區別的。

余：胡適也罷，陳獨秀也罷，對孔子都非常尊敬，著作跟傳記都看得出來。五四要打倒的不是孔子，是孔家店，也就是借用孔子名號來統治，叫老百姓不能反抗，我怎麼壞，你都得接受服從，不能犯上作亂。

北：所以「孔家店」，定義就是一種統治工具。

余：就是以孔子為名，以儒教為名，講「名教」，三綱五常那種東西。

北：儘管人們意識到孔子學院的麻煩，全世界還是有數百所大學接受這個選擇，不少教授也寧可自我審查。請問孔子學院將在西方造成什麼樣的影響？二十一世紀有可能像當局宣稱的那樣成為中國的世紀嗎？

余：中共被西方制住的一點就是文化。例如普世價值，是很容易接受的。中國人本來雖然沒有「人權」這個詞，可是聽到「人權」還是接受的，清朝末年就接受了。這是西方文化的力量。中共現在想倒過來。他們並不想說服西方給他走，而是希望西方接受他們，不要批評他們，不要認為他們關押異議分子、壓制老百姓、天安門屠殺是錯誤的，他們希望西方人都了解：這些都是必然的、沒辦法的，為了中國好只有如此。中國的辦法跟西方不同。問題是西方的大學不一定會配合。

北：我覺得西方人比較幼稚……

余：西方人也不是幼稚，西方人就是貪那點錢！拿到幾百萬美金一年，就幹了。

北：既然中國以國家力量，藉由推廣漢語進行統戰，西方國家力量是否應當干預？可能干預嗎？

余：民主國家不可能政府出來干預的。應該由每個學校的行政人員自己處理。他們也不是不知道，但是覺得沒有關係，反正錢先拿著，就要語言教學，用一點中國派來的教員。那些教員水準實際也不是很高，沒文化修養，也沒學術修養，就是會說北京話而已，只能教教漢語。

北：可是中國當局確實在他們控制的機構裡禁止一些話題，比方說台海兩岸、西藏以及其他他們認為敏感的話題，不允許在他們給錢的機構裡討論。

余：也不是不允許，而是威脅說，要談，錢就沒有了。但又不能訂在契約上，只能私底下有這種共同理解。有的學校接受，有的不接受。再說美國人也有騙錢的。（笑）不要把西方人看得那麼笨。

北：有時候他們是很笨，沒有中共那麼狡猾。

余：當然是沒那麼狡猾。只是要錢嘛，校方也不可能跟自己教授說，現在不能談哪些敏感問題，這是不可能的。如果這樣容易，上邊一說話下邊就聽話，就不是美國嘞！根本沒立場，有奶就是娘的美國人也很多。但是好的大學絕不可能允許這種情況存在的。美國機構像CIA也不可能不注意。可能不會在報上披露，不會在電視上傳播，但一定會想辦法應付。中國人好像很機靈，陰謀詭計多得要命，不過外國人只要吃幾次虧，馬上人人都會知道提防的。一個孔子學院怎可能整個把美國、英國、法國教育制度都毀掉？如果那麼大本事，那我們心甘情願服從他就完了嘛！不可能的事情！（笑）

北：當年毛澤東鬧文化大革命的時候，蔣中正先生就在台灣唱對台戲，發表《告全國同胞書》，要復興中華文化，號召搶救國家、同胞、文化。如今兩岸又把對台戲唱到海外了，台灣馬英九政府說，也要在海外開設「台灣書院」。您怎麼評價這件事？台灣能在海外與大陸中國進行文化對抗嗎？

余：不是對抗不對抗的問題，根本是沒有意義的事情，在我看來很愚蠢。

北：為什麼？

余：有什麼好對抗的呢？怎可能他來一個孔子學院，你就來一個台灣書院？不可能一個學校容納兩個，有台灣書院，孔子學院就不會來了。而且台灣書院如果也教語言的話，就更沒有意義了。所以我不覺得馬英九應該採取這樣一個方式。所謂「中華文化復興委員會」我知道的，就從來沒發生過作用。只是辦了一個「孔孟學報」之類的，也沒幾個人看，哪裡能對抗文化大革命呢？現在要搞這個書院，是浪費錢。不要把台灣老百姓的錢這樣糟蹋，我覺得沒有意義。

共產黨搞孔子學院，就讓他自生自滅，他願意花這個錢，就讓他去花。你要想，孔子學院存在，就是給共產黨出難題。一旦某個地方建立孔子學院，想撤退就很難，對國內沒法交代！弄不好就是白花冤枉錢。這些錢就讓他浪費好了。

北：作為一個享有國際聲譽的學者，您對孔子學院這事抱持什麼態度？

余：我覺得是一個很可笑的事，不是可怕的事，一點不可怕。現在大學教授在中國地位低得要命的……

北：但他們薪水高，研究經費很多。

余：現在是收買嘛！他就怕教授在學生面前說政府的壞話、黨的壞話嘛！這個方式下去，怎能有文化建設呢？這些教授也不認為文化是什麼重要的事情，等於就是出賣靈魂了。

北：那麼您對中國大陸自由派知識分子，還有對未來的文化建設有什麼建議？

余：沒有別的辦法，就是規規矩矩進行學術研究，盡量脫離意識形態。這種研究多了，在知識上豐富了，慢慢中國文化的價值也就出現了。

中國學術界雖然很多人被收買，但是很多確實不被收買，勤勤懇懇工作的，我也知道。這些人現在出不了風頭，但希望在這些人身上。種子在，就有重新發芽的可能性，將來可能長成大樹。所以不用擔心，文化不會斷的。

北：請問您對孔子學院有什麼補充要說的？

余：基本上我認為應該注意孔子學院的發展，也要了解它怎樣變化，比如說它內部的複雜性，從經濟利益到政治統戰，中間要分清楚，但不要把它當成文化現象。也不必把它想成很大，很不得了。我並沒那麼擔心，我就當它一種很可笑的市場化活動。西方藉此機會拿點錢，中共想在外國買一點名譽。但是否雙方真能各取所需，目前很難說。

【編按】

原題〈孔子學院及影響〉，原是美國自由亞洲電台《華盛頓手記》節目的電話連線訪問，分兩集，上集播出時間是二〇一二年三月二十七日，下集是四月三日。預錄，訪問時間是三月二十二日。

本書版本有精簡濃縮。

公民抗命與香港前途

香港回歸中國已十六年了，《基本法》所承諾的特區行政長官普選至今未能落實。早在二〇〇七年，民調顯示支援普選的市民已超過六成，但中共中央對於普選時程表一直在採取拖延策略，以致到目前為止，香港人民仍然不知道：他們要爭取的二〇一七年普選究竟有沒有實現的可能。而且，親共分子和傳媒還不斷放出話題：不與中共中央在政治上保持一致的人決不應成為特首。他們已在試提種種方案，怎樣在選舉機制方面進行嚴密的操縱，保證只有完全可靠的親共分子才能成為特首候選者。換句話說，中共對付香港特首普選的另一策略，是將它轉化為變相的一黨專政。正是在這種極端不公平的情況下，香港最近才出現了「公民抗命」、「佔領中環」的大運動。為了爭取公平、自由的普選在二〇一七年的實現，香港大學戴耀廷先生首先在今年一月提出「公民抗命」、「佔領中環」的號召，然後又在三月和陳健民、朱耀明兩先生共同發表「讓愛與和平佔領中環」信念書。這一號召是很有力的，聞風而起者已進入佔領中環的組織與裝備階段了。

另一方面，中共和香港官方對於這一運動，則採取絕對敵視、仇視的態度。最近兩三個星期以來，官方和親共人士採取了一系列的攻擊，向佔中運動施壓：有人說它將危害香港治安，有人預言它必然破壞金融市場，最後將香港福祉推向懸崖，甚至還有人將它抹黑為「外國勢力與反對派搶奪香港政權」。總之，恐嚇、利誘、誣陷等等手段，無所不用其極。但是，從這些驚慌失措的表現來看，佔中運動確實打中了他們的政治軟肋，也是可以斷言的。其實，佔中不過是公民抗命在香港此時此地的一種具體表現。公民抗命才是這一大運動的靈魂，而且密切聯繫著香港的前途。所以，下面我將極其簡略地談談公民抗命的涵義。

「公民抗命」（Civil Disobedience）是現代政治思想上一個極其重要的概念：作為一種指導原則，它曾在許多現代國家和社會中推動過歷史的進程。「公民抗命」這個詞是美國著名詩人梭羅（H. D. Thoreau）在一八四九年鑄造的，用作一篇論文的題目，從此流傳天下。他當時因反對美國與墨西哥的戰爭以及擴大奴隸制度而拒絕納稅，甘願入獄，以表示對政府的反抗。這顯然只是一次個人本位的公民抗命，但它的象徵意義卻受到很多人的重視：公民，無論作為個人或是集體，面對國家或社會嚴重不公平、非正義的情況，而又找不到任何其他辦法改變現狀，則可以對政府進行公開的、和平的抗爭。雖然其中包括著違法（如拒絕納稅）的方式，但抗爭者已有接受法律懲罰的心理準備。

梭羅的公民抗命概念之所以在美國發生了深遠的影響，正是由於它指示了一條不動用暴力而可以使社會不斷改善的道路。最顯著的例子是馬丁・路德・金所領導的「公民人權」

運動。他奉「非暴力」為一種宗教原則，堅持黑人必須以和平方式爭取平等的人權。在運動的技術方面，他盡量吸收了甘地「消極抗拒」的手段，在精神上，他也深受甘地的影響，主張抗爭而不為仇恨的情感所吞沒。他的基督教信仰和甘地對全人類一視同仁的關愛，十分接近。但是我必須立即補充一句：甘地的「消極抗拒」運動則是受梭羅〈公民抗命〉一文的啟發而發展出來的。

事實上，今天我們放眼世界，公民抗爭幾乎到處可見，已成為改變歷史的一股主要動力。一九八九年捷克斯洛伐克的「天鵝絨革命」和最近幾年中東的「茉莉花革命」，都可以歸入公民抗命的一類，只是名稱不同而已。當前在土耳其和巴西發生的非暴力抗議活動也無疑是不同形式的公民抗命的體現。公民抗命在中國近代和現代史上更曾取得重大的成就，一九一九年的五四運動便是其中最輝煌的一個。但中國的公民抗命又具有自己的文化特色，因此，五四的主體不是一般公民而是學生。正如明末大思想家黃宗羲所指出的，學校是主持「天下公是公非」的所在，所以他對東漢、宋代太學生的干政都十分同情，竟稱之為「三代遺風」。這當然是由於他自己在少年時期也曾參加過一場轟轟烈烈的學生運動。

五四以後中國最偉大的一場公民抗命是一九八九年天安門的民主運動，也同樣是由青年學生領導的，但不幸竟以被屠殺告終。這恰好印證了政治哲學家羅爾斯（John Rawls）的觀察，公民抗命如果引起社會動盪，其責任不在「抗命」的公民，而在那些濫用權力和權威的人。

上面一點歷史回顧讓我們清楚地認識到，公民抗命不但不是破壞政治、社會、經濟秩序的激烈行為，而且是以一種最和平、最理性、也最文明的方式促使秩序更合理化的運動。這次在香港宣導公民抗命的學人，如戴、陳、朱三位先生對於這中心概念掌握得十分準確，所以他們才提出「讓愛與和平佔領中環」的響亮口號。但是，中共和香港官方已開始對公民抗命的觀念進行抹黑了，甚至說和平佔中是「為犯法而犯法」。這種說法或是出於惡意歪曲，或是由於完全無知，二者必居其一。

我在百忙中寫此短文，是為了讓香港讀者知道，公民抗命不但有偉大的過去、光輝的現在，而且更有無限的未來。參與公民抗命，是現代人的光榮而神聖的責任。

爭取特首普選，關係著香港所有公民的未來，他們的人權、自由、生命尊嚴等等核心價值，都必須在過了公平普選這一關之後才能有著落。在缺乏任何其他有效途徑的情況之下，公民抗命、佔領中環無疑是爭取普選的最重要的手段。

我希望港人在今年七一遊行時踴躍參加，為公民抗命增加力量。

【編按】

此文寫成於二〇一三年六月二十八日，發表於七月一日香港《蘋果日報》，離真正的「佔領中環」尚有十四個月。香港天窗出版社《中國與民主》有收這篇，但台版余英時文集此前並沒收。

「佔中」落幕後三年，二〇一八年一月二十一日香港記者冼麗婷赴普林斯頓採訪余英時，問他香港可以如何自處。他說：

> 你要有人文修養，你才能抵抗共產黨。你不能靠暴力，你以暴制暴不夠他來，他有軍隊你怎麼辦？用槍你不就完了嘛？我認為任何政權，再強大也不能永遠專制到底，像他現在想做這個情況，所以他遲早會出問題。

這篇專訪刊載於三月十五日香港《壹週刊》紙本版最後一期。

台灣的公民抗議和民主前途

這兩天我在CNN、英國BBC、日本NHK和美國幾個大電視台上，一再看到台灣大學生群體衝進立法院大廳，靜坐抗議的許多鏡頭。好幾年了，我沒看見過台灣曾這樣受到全世界媒體的重視，三月二十日我又在《紐約時報》上讀到Austin Ramzy的顯著報導（〈Trade Deal Spurs Protest in Taiwan〉），並附有大幅照片。讀報之後，我才知道抗議起源於台灣政府將和中共簽訂「服務貿易協議」。

抗議的人群不信任這個「協議」，認為必將對台灣經濟造成長遠的損害。因此他們要求「協議」必須在國會中進行逐條逐項的實質審查。但由於國民黨在立法院佔有絕對多數的席位，政府方面似乎希望全案在國會中可以很快獲得通過，不必強迫逐條審查、逐條表決的手續。

據《紐約時報》，台灣的民意調查顯示：反對這項「協議」者百分之四十四點五，支持者百分之三十二點八，沒有意見的百分之二十二點九。但最值得重視的是百分之七十三點七說：他們贊同對此「協議」進行逐條審查。

又據香港《蘋果日報》記者陳沛敏的報導（〈站在香港　看看台灣〉，三月二十日），學生佔領立法院得到數以萬計的民眾在場外聲援，律師、醫生等專業人士紛紛挺身義助，各大學當局也表示尊重學生的行動，教授們更公開發聲支持。尤其令人感動的是一位警員在「臉書」上留言：「脫下制服，我們也有自己的想法，我也反對草率過關……你們今天來到立法院爭取民主，而我們站在立法院前捍衛法治。我們不是敵人，而是站在對面的戰友。」這是台灣的民主風範已發展到極高境界的證詞。

為了弄清楚這次抗議的真實性質，我曾先後和我十分信任的台北友人們通過電話。他們眾口一詞告訴我：這是一次自動自發的公民運動，而以青年學生為運動的主體，絕不可誤解為反對黨的政治操縱。有一位朋友更指出：抗議群眾甚至拒絕政黨參與運動的要求。《紐約時報》已在抗議群眾和反對黨之間劃了一條清楚的界限，對兩者的活動分別敘述，而不是混在一起。它引了一位年輕的醫院工作人員（女性）的話：「我們目前也許有點遲了，但是如果我們沒有這種活動，我們便不能讓政府聽到人民的聲音了。」這裡流露出來的是真正的民主意識，絕非任何黨派所能假借的。

在整個抗議活動後面，我們很清楚地看到：台灣公民，特別是青年一代，對於海峽對岸極權政府的極端不信任。中共近六、七年的對台政策是運用經濟把台灣牢牢地套住，等到台灣離開大陸無以為生時，「統一」的機運便到來了。這是通過經濟以發揮政治影響的障眼法，但今天已被參加抗議的公民識破了。《紐約時報》說：抗議的人群反對「服貿協定」是深恐給予北京太多的經濟影響力。他們顯然已認清：這種經濟影響力事實上即是政治影響力的化身。

這次公民抗議是一場保衛並提高台灣民主體制的運動，對於人民和政府具有同等的重要性。人民固然可以通過運動而鞏固其公民的權利，政府也可以因為「聽到人民的聲音」而提高其民主的素質。台灣已歸宿於民主是一個不可更改的現實，在民主體制之下，人民和政府之間往往存在分歧和衝突，但不可能是敵對的。因為不民主、非民主或反民主的政府已不復有存在的空間。

中共一直在千方百計地企圖摧毀台灣的民主，台灣的人民和政府都必須把警惕提到最高的程度。民主是台灣安全的最大保證。

【編按】

「太陽花」學生是在二〇一四年三月十八日晚上九點攻進立法院議場。我是在三月二十日寫傳真信給余英時，問他是否看到外媒報導，是否要發表言論支持學生。文中香港《蘋果日報》記者陳沛敏的報導是我一起傳真過去，因為知道余宅不上網。但他打電話諮詢的「台北友人們」並不包括我。此文是三月二十三日透過台大教授劉靜怡廣發給媒體，因為她剛好來訊問我有沒余宅的消息。此前她曾去普林斯頓見過余夫婦，得知我是跟他們常有聯繫的友人。

三月二十三日晚，有一批學生衝進行政院。當晚我接到余英時另一封傳真：

> 我最近得到消息，抗議越弄越大，已不只要求服貿「逐條審查，逐條通過」了。我覺得學運組織已控制不住抗議群眾，我很擔心。若運動變成「革命」性質，不再尊重民主體制，而擬推翻執政黨政府（不經選舉），或逼馬英九下台，則似已超越限度。我很擔心事件以後以暴力解決。
>
> 這幾句話是對你個人說的，不要公開。但你可以把我的意思私下傳達給劉教授。

編輯本書時，我問陳淑平說，余英時當時不願公開的客觀條件，今似已不復存在，可否趁這次出書公開？陳淑平說給我決定。我決定公開，是因為兩篇並呈，正好展現余英時支持公民抗爭，但反對暴力革命的一貫主張。

港人不能做乖孫子．台獨不需要「去中國化」

訪談◎何榮幸
整理◎劉光瑩、鄧凱元、陳寧

何：香港近日因「假普選」方案而抗爭的情勢備受關切，您去年發表〈公民抗命與香港前途〉專文，持續支持香港人的佔領中環運動，您為何強調「明明知道失敗也要抗爭」？

余：佔領中環或不佔領我沒意見，我不在香港。我也是有理由的，他們提出的口號是用「愛與和平」佔領中環，不是用暴力，這就是美國作家梭羅提倡的 civil disobedience（香港稱公民抗命，台灣稱公民不服從），是要讓共產黨不能得心應手，港人也知道共產黨不會馬上改變，不會讓港人自由提名選舉，但港人不能做乖孫子了，不然又來一個命令，又做乖孫子，第三次又是如此，最後不變成百分之百的奴隸嗎？

所以抗爭是必要的，讓共產黨有許多困難，何況抗爭也不只是香港，大陸一天到晚在發生。兩年以前報導，大陸一年差不多有組織的抗爭就在二十萬起以上，事實上遠遠超過這個，有的是比較偏僻的地方，也沒有記者去報導。所以說大陸並不很穩妥，不是一統江山，不是真正的崛起大國。崛起大國不會有這樣的問題。

何：您提到香港人抗爭，也要有坐牢的心理準備，要付出代價，您的想法是？

余：你是 disobedience，一定犯了法，這法反正不大，關個幾個月之類的，那個代價可以付嘛，對不對？說個老實話，甘地、曼德拉不是坐牢幾十年？坐牢是很光榮的事情，以前民進黨很多也都是坐牢出來的。

你要搞政治，在極權底下，要去坐坐牢不是什麼稀奇的事，也沒什麼好大驚小怪。沒有抗議不用付任何代價的。不想坐牢可以不參加，參加了就不能顧這些了。香港現在反抗的不是中老年，都是年輕人、大學生，這是很可怕的，這表示會有很長期的抗爭。

何：您認為從早年的五四運動，到六四天安門事件，一直到現在的香港抗爭，都是公民抗命，所以這是一脈相承的？

余：我是把這個現象說出來，為什麼會有這抗議，我做一個解釋。我一個人不能鼓勵幾千人幾億人去抗一個議，沒有的對不對？他們一定會抗議的，總不能做乖孫子嘛。

我在美國看到最大的抗議就是越戰時期，一九六八以後，我在哈佛教書，整個學校都不上課，從前教書的地方，有個房間就被炸掉了，好可怕。從中國人看來美國完了，事實上不是，他有制度彈性可以包容，今天倒不見這樣的現象了，鬧不起來了。最近黑人案子又發生（指密蘇里州佛格森市爆發黑白種族衝突），又有新問題，你認為不合理，但國家慢慢給你解決，至少企圖解決。黑人運動剛起來是五十幾年前，我那時候看到他們被壓迫得非常厲害，今天黑人做總統了，變化多大？這可以說是他們民主制度很光彩的表現。

何：與台灣相較，香港的民主前景比較悲觀？

余：香港沒辦法，既然是殖民地，是屬於他（大陸）的。當時跟英國簽說是五十年不變，現在過了十七年，換句話說，再過三十三年可以變嗎？香港如果抗議，就是希望延期，看看大陸本身起不起變化。大陸也不可能不起變化，共產黨也不可能那樣，勢必準備作文章，他的困難多少也可以看出來，並不是說人心都向他。今天最可怕的力量是民族主義，這是最可怕的東西，共產黨用來號召的一直是民族主義，其他的完全破產了，這是能夠掀動許多中國人的，包括海外中國人，甚至包括某些台灣人，都是拿著「中國」兩個字。

何：您已數年沒到台灣，據聞您原本因為已經八十四歲而不想出國，甚至半開玩笑說，能否只拿獎座不領獎金，您是以什麼樣的心情來台接受「唐獎」？

余：我不是開玩笑，真的是誠意的跟（唐獎）陳振川執行長說，我不要領錢了，給我獎座就好，我不用出席了。因為我六年前生一場病，所以國際旅行我都不願意。這次是因為人情所在沒辦法，不然對不起人家費這一兩年的心思，我拆大家的台就不好。人有時候是無可奈何的責任，非盡不可。

何：您在台灣最長居留時間，應該是在忠孝東路住過一個月左右，但您卻長期關心台灣，對台灣有很深切的期待，請您談談為何如此重視台灣？

余：頂多一個月，這跟時間長短沒有關係。我在大陸待了二十年，我還不要回去呢。主要因為台灣是自由中國。我同意胡適說的，台灣是中國唯一自由的地方。當然現在有台獨運動我也知道，那不相干。我想台灣永遠是中國文化的一部分。現在包括香港自由慢慢受到約束，一國兩制都可以變成一國一制了。台灣到現在為止，也有危險，但還沒直接輪到你們，也許是下一個。

何：除了自由中國，您對台灣發展還有哪些深刻印象？

余：你有國力嘛，傳統也沒被毀過，傳統一直承接到現代。所以我一直說，台灣和香港兩個地方是最特殊的，大家卻最不注意，就是在中國革命以前，他們都不屬於中國。香港在一八四二年割給英國，台灣在一八九五年割給日本，所以從辛亥革命開始，一切革命都沒碰到台灣。這是台灣的運氣，不是誰的本事能力。

何：請談談您對於台灣民主發展的觀察，您最擔心的是大陸對台灣統戰，以及台灣傾中太強烈嗎？

余：台灣民主發展不是很高，但是也達到一個水平，可以不用流血換政權。過去中國幾千年最大的問題，是換政權就要殺很多人，許多人要犧牲，政權才能建立，維持政權又要殺很多人，這是因為中國領土太大，太早就統一了，要換政權必得如此。

（對於傾中）我提不出解決辦法。問題就出在錢。很多人會說，不去大陸投資就無法賺錢，台灣經濟就如何如何，是不是台灣不到大陸賺錢就會死光了？我很懷疑。但也無法反駁他，這樣的人多了，慢慢就覺得統一有什麼關係，變成香港第二也無所謂，反正有好日子過，有飯吃，還可以到大陸去玩，都無所謂了。

這樣的人越來越多，當然就危險。也不是危險，而是說，你願不願意受一黨專制到底？你必須放棄你的選舉，跟香港一樣，你可以選，但是中央指派兩三個人給你選。所以你看香港的發展對台灣有很大啟示，因為從前香港受到一些優待，是要給台灣人看的。「你看，沒問題吧？」共產黨要拉攏你，說好聽話時，那是甜到不能再甜。現在時機迫切了，顧不了了，真面目才出現。

台灣人根本就沒碰到過真正的共產黨，不知道那是什麼樣子。現在有許多人講歪理說，已經沒有共產黨啦，他們已經變了。共產黨唯一特色就是把所有資源都抓在一黨手上，絕不放棄，這根本是鐵的事實。從前是抓政治權力，但民窮財盡，搞不起來，就改抓市場，但又不是真市場，而是黨控制的市場，根本不是我們所說的自由市場。

還有一個東西大家沒有注意，為什麼蘇聯垮掉這麼快，中共沒垮？因為華僑有多少錢都進去，還有台灣的、香港的、新加坡的錢，都去了，所以他就能維持住。我記得六四完了以後，外國人都不到中國去，我倒是有個朋友一次去，說到火車站碰到的都是台灣人。台灣人趁這機會，我給你各種好條件，你要土地我給你土地，你要工廠我給你設工廠，等到他情況變化說沒收就沒收。換句話說，現在成功，到底將來怎麼樣，是非常難說的。等到你的利益和他起衝突之後，馬上掃地出門。

何：您理想中兩岸三地應該維持怎樣的關係？

余：現在事實是共產黨要把這兩個不能順手的東西（指香港與台灣）解決，就看你們用什麼方式抵抗，或者接受。你接受，我也不說你不應該，我只說事實是如此，就是你要選擇，願不願意做共產黨的順民？要不要保持台灣不要掉到他那個坑裡去？他要用武力打，你沒辦法，也不能怕，沒什麼好怕的。要用武力他代價也很大。當然會有些人想在大集團裡搶先一步，為生意，為賺錢，為將來拿到某種程度的權力，這沒辦法的。最後決定還是台灣人自己，全體怎麼做決定，我沒辦法建議。

何：您對台灣仍然有信心及樂觀？

余：你們一心一意向某一個方向，是可以有不同局面出來的。如果每個人都有無力感，我也無可奈何，就跟著局勢走，主動就沒有了，變成被動，被動就什麼結果誰也不知道，運氣好可能沒事，也許大陸起變化你就安全了，但是也不一定。我的意思是，就算想投降，也不該放棄主動。

何：您對兩岸政府、領導人有哪些建議？

余：我不向任何政府提建議，也不向任何領導人說話，那是「帝王師」的想法，老實說是我看不起的，要跟權力搭關係，希望權力看重他。我講問題，不是要對哪一個黨、有權勢的人說什麼話，這社會問題相當多，我只是表示一種期待。

我們讀歷史的至少有一點概念，什麼叫公平、什麼叫不公平，每個人都不一樣。看到社會上不合理的，就要提出來讓大家注意，並不是看到合理要去歌頌，因為合理人人都看到了，用不著說。英國、美國法治國家，許多事情靠法律解決，用不著一件事一件事講，我們講都是講他可以改善的地方，不是要攻擊、破壞，這是一種建設性的批評。

何：台灣社會近日出現對於蔣經國總統的歷史評價爭議，您在蔣經國執政時期，曾經投書《紐約時報》聲援美麗島事件？

余：我當初寫給《紐約時報》的信，台灣最早國民黨好像是翻成另外一種東西了，許多人認為我幫國民黨的忙，後來真相才出現，我也不去解釋。

其實（這篇投書）一半是罵鄧小平，後一半才講到台灣，不是專講台灣。那時候鄧小平非常積極想把台灣吞進去，正要出訪美國的前幾天，是那個情況寫的，所以說完全講美麗島事件也不對，只有一半講。台灣這個情形，我也不敢說哪個是哪個非，但我覺得做一個政府就不應該採取這樣的手段，來對待反對派。[1]

何：現在是可以適當評價蔣經國的時候了嗎？

1 編註：這篇投書〈中國統一前景已轉渺茫〉（The Diminishing Prospects for Chinese Reunification）刊登在一九七九年十二月三十一日，完稿日則是十二月二十日。

余：蔣經國晚年是很不容易，能有這麼大的轉彎，必須要承認他。我對蔣經國的印象一直不好的，很大原因是他是蔣介石的兒子，父傳子我不能贊成。他最早是要把自由派勢力幹掉，壓迫《自由中國》他是有分的，早期他是民主的敵人，但是後來慢慢覺悟，能有改進，就值得稱讚。

國民黨在大陸慘敗，確實是遇到自由派跟共產黨一起反對，以致在知識界威信全失。這是我親身經歷的歷史，這段是我看他變化的，所以我並不是不同情他（指國民黨）。但我想國民黨要在台灣有前途，唯一辦法就是走自由民主的路。蔣經國最後能夠做到這點，是應該要稱讚他的，共產黨裡找不到這樣一個人，不是嗎？

大陸一般知識界都是這樣看法的，大陸有人跟我講過，「我們不贊成台獨，如果台獨成了以後，我們就沒有理由說中國也可以民主了。」

我沒想到這個理由，台灣可以證明中國傳統文化並不是民主的絕對敵人。民主化、自由人權是哪裡都有些障礙有些阻礙的，不是中國特有的問題。基督教也曾給信徒造成很多障礙的。

何：台灣的民主制度似乎陷入僵局，從歷史角度如何打開？

余：傳統文化是你的客觀背景，你丟不開，你生下來就是在一個傳統裡頭，不可能生在半空中，什麼文化都沒有，你的家庭就給你文化了。台灣民主不是靠自家一點東西就夠了，一定還要全世界看，全世界有很多國家與制度，你認為哪一些可以接受。光靠傳統是不夠的。回到康德講的，我要擁護這個東西，是要我自己可以接受的。不能說我贊成偷竊，但別人不能偷我。

何： 台灣近年另一項本土化的爭議，是教育「去中國化」，您的看法是？

余： 我想是個誤會，「去中國化」是討厭中共，你把中國跟中共變成一個，去中共也非把中國去掉，那不可能。你自己也是中國的一部分，怎麼去掉？語言就是，最基本的語言去不掉？台灣話也是閩南話，也不是台灣才出現的，用的字還是漢字，意義還是傳統來的，怎麼去？所以「去中國化」本身不能成立。提倡這個，是剛好很多人搞台獨，政治需要有個東西跟大陸不一樣，就搞「去中國化」。你也是中國來的，早一點，別人遲一點。台灣可以講獨立，各種理由都可以，蘇格蘭也要獨立，加拿大的法文區也要，獨立有很多辦法，有的是理由，不需要在這作文章，反而獨立不成，你把自己陷入能不能獨立的理論上去了。

這就是思考能力不夠，我覺得很可笑。台灣能不能獨立，跟中國毫無關係。你嘴上說「去中國化」四個字，還很方便，你討厭大陸共產黨，又不是每個中國人都討厭，就像在台灣，你討厭國民黨，也不是每個外省人都討厭，本省人也有贊同國民黨的，你也討厭他，那還談民主？那就是想專制了，另外一個專制。

要講民主，就要容忍不同的人，完全相反的人也要容忍。而且不能靠武力，不能靠霸道，也不能說我是民進黨，我是台灣人，我當選了現在我做主，這就很荒唐，根本不是民主，是搞另一個一黨專政。這就變成學國民黨，過去有很多做法不是反國民黨，而是照國民黨，那不是民主，台灣民主出問題就是這裡，民主沒有人文修養是不行的。

【編按】

本書版本是節錄，且有濃縮精簡。原版刊載於《天下雜誌》網站：www.cw.com.tw，從二〇一四年九月十六號開始，三天分批刊出。訪談時間是九月十五日，地點在台北圓山飯店。何榮幸當時是《天下雜誌》總主筆。

訪談當下，香港「佔領中環」尚未宣布開始日期，但已舉行過預演，有數百人被拘捕。亦已經有學運組織發起罷課。後來行動是在九月二十八日開始，因警方施放催淚彈而快速變成「雨傘革命」，後來以十二月十五日的強制清場而結束。

余英時不承認中華人民共和國，絕不用這七字。當他使用「中國」兩字，則只限於文化概念，而非政治概念。請見〈中國近代個人觀的改變〉一文，收於《中國文化與現代變遷》一書。這點可解釋為何他不反對台獨，卻又主張台灣「是中國的一部分」。

六四之前

香港問題私議

香港問題已成為國際上最受注目的焦點之一；海外的華人社會更是特別關切著整個事態發展的動向。英國首相柴契爾夫人最近訪問北京更把這一事件推向一個高潮。照中英雙方所發表的正式言論來看，彼此之間的距離極為遙遠，幾乎沒有商談的餘地。柴契爾九月二十七日在香港發表談話，強調十九世紀英國與清廷所簽訂的三項條約繼續有效。但九月三十日北京外交部的聲明則重申中國決不承認英國與清廷所簽訂的不平等條約，香港主權之屬於中國是不容爭辯的。這種兩極化的官方立場自然只是表面的分歧，問題的實質並不在此。

這次香港問題的爆發可以說是起於中英雙方基本觀念的不同。中共從來就不承認香港是英國的殖民地，也不承認新界的租約，如果英國人不提期限問題，含含糊糊地過日子，則目前香港的局面依然可以不定限地延長下去。所以從中共方面看，英國政府一定要公開逼中共攤牌完全是庸人自擾。試問一八九八年的租借條約既屬無效，則何來所謂一九九七年租約將滿的問題？但是另一方面，英國人是最看重法律、相信法律的；他們不可能在完全沒有法律保障的情況下生活，也不可能在完全沒有「預斷性」（predictability）的情況下從事任何經常性的工作。當然，這些不僅是英國人的習慣，也是現代世界的普遍特徵。正因為如此，英國人才不能不特別看重「一九九七」這個日子，他們必須在期滿以前重新獲得關於他們在香港的權益的法律保證。中、英雙方在表面上幾乎南轅北轍，其故即在於此。

但是問題一經正式提出，中共便不能再閃躲它，而必須求得一個確定的解答。所有跡象都顯示，中共領導人對香港問題似乎從來沒有好好地考慮過。同時又由於種種不同層次的顧慮（從國際形象、實際經濟利益、政治影響到意識形態等，本文都無法涉及），他們在處理這一問題上頗顯得舉棋不定。最明顯的是中共竟在有意無意之間承認「一九九七」這一年的確代表一個關鍵性的期限。這是十分荒謬的，因為默認一九九七年的特殊意義便等於承認中英不平等條約具有法律上的拘束力。

如果我們稍有歷史的眼光和辯證的觀點，便不難看出香港從一八四二年到今天早已經歷了一番從「量變」到「質變」的過程。尤其第二次世界大戰結束以來，香港形式上雖仍是英國的「殖民地」，而實質上則已逐漸成為一個以華人為主的獨立而自由的經濟實體。香港的一般經濟社會狀況很像新加坡，但由於歷史的、地理的與政治的原因，不能宣告獨立而已。在第二次世界大戰以前，香港的存在確是中國恥辱的象徵，但今天已沒有人能把香港看作中國受帝國主義壓迫的證據了（只有意識形態僵化了的人才能持此見解）。香港近三十多年來的歷史發展只說明了一項事實，即中國人憑著傳統的勤儉精神能夠在自由體制與現代企業經營方式之下創造經濟的奇蹟。我們決不能把香港的奇蹟完全歸功於英國人，不過英國所提供的法制基礎與自由環境構成香港經濟發展的重要因素。聽說中共領導人曾有「英國人能辦得到的，我們中國人為什麼辦不到」的豪語。這句話便表示他們完全不了解香港的真況。香港的奇蹟主要便是中國人自己創造出來的，中共何能把這個功勞全部加在英國人頭上？英國人所提供的則是上面所舉的法制與自由兩大要素，這恰是中共管轄下的中國所最為缺乏的。中共收回香港以後也許會創造出無數其他的奇蹟，但香港將不復為香港則是可以斷言的。

香港作為一個經濟實體和三個方面最有切身利益的關係：第一是香港五百萬居民，第二是中國大陸，第三是英國。但是決定香港命運的實際上卻只片面地來自中國政府。這裡姑置「公平」與否的問題不談。純從利害觀點出發，中共在未來決策中如果對香港的現狀有任何改變都將是最不智的自毀行為。中共最近的意向似乎是「收回主權，維持現狀」。我可以肯定地說，這兩句口號是互不相容的。「主權」當然可以有不同程度的「收回」法，其最象徵式的辦法則是僅僅改變旗幟而中共並不直接派人來管治。但問題是一旦「主權」回歸中國之後，中共政府勢不能再容忍香港有完全的言論自由，特別是批評和反對中共的言論。中共領導人只能了解到經濟自由所帶來的外匯的價值，但是他們至少目前還不能完全了解言論思想自由與經濟繁榮之間的內在關聯。甚至香港一般工商界的人士也未必對這一點都能有深刻的認識。事實上，香港這樣一個小地方如果失去了思想言論的充分自由，則人民將不再能具有創發與開新的智力。在思路閉塞的狀態下，縱使資金與人才完全不外流也將無法發揮其原有的功能，更不必說資金與人才也不可能完全留在香港了。

我不能對香港問題的解決提出任何具體的建議。我只覺得即使僅為中共的利益著想，中國目前最好還是一方面重申保有香港的「最後主權」並取得英國政府的正式認可，而另一方面則與英國政府商定一種具有彈性的辦法，說明香港問題可以展延到三十或五十年以後再求得正式的解決。如此則中共決不致招致「喪權辱國」的批評，而同時又能加速本身現代化的進行。當然，我深知我這裡所提出的書生之見是難免迂腐之譏的；但這確是經過理性思考後所得到的一種結論。至於理性在歷史的實際進程中究竟能否發生正面的作用，那就不是作者個人所能估量得出來的了。

【編按】

此文完稿於一九八二年十月七日，刊於十一月號《明報月刊》。英國首相柴契爾夫人稍早於九月二十二日訪北京，先後會見趙紫陽與鄧小平，會談中鄧小平第一次公開聲明中國一定收回香港主權。傳送全球的柴契爾摔跤畫面，就是發生在這場會談之後。

中國人民是最好統治的人民

訪談◎李　怡

在座者鄭愁予是知名詩人，任教於耶魯大學東亞語言文學系。蕭鳳霞則是人類學系副教授。

李：大陸民刊被禁之後，我曾經對已發行的民刊作過一些分析歸納。中國民運分子關心的是中國的民主化前途問題，他們帶傾向性的結論是什麼呢？我發現他們有幾派意見。其中一個是王希哲提出的，他認為還是只有社會主義才能救中國，但中國過去搞的不是真的馬克思主義，不是社會主義。應該實現人和個性的解放，擴大民主與自由。另一個意見是魏京生提出的，認為社會主義根本不行，應該來一次革命把它推翻，搞資本主義。還有兩種意見則從深廣的方面著眼。一種意見是認為中國的民主需要經過知識階層作為媒介，而經濟的落後也使民主一時難以實行。另一種意見則歸結到中國的民族性和民族文化上去尋找根源。黑格爾的《歷史哲學》說中國人要群居，群居需要領袖，然後才能安頓。魯迅談到中國的民族性時，重點在批判中國人不能面對現實，也就是阿Q的精神勝利法，魯迅棄醫從文的目的是認為首先需要中國人的精神健全，中國才有前途。很多人提出一個假定，如果我們的民族文化不加以改變，即使是現在大力主張民主的人上台，都難免要出現專制的局面。近代以來，國民黨以共和即民主的旗幟推翻滿清，但後來如何？共產黨在延安確是比較民主，吸引了不少有志之士，但是掌權執政後又如何？那麼，如果魏京生、王希哲他們掌權，是不是也會搞專制的一套？這就提出了兩個問題：第一、原因在哪裡？第二、如何在中國建立比較寬容的民族文化，不致因改朝換代而蒙受巨大的民族損失？

我們也許有必要反省一下，中國的傳統文化是否存在問題，或是它的優良之處沒有發揮出來？有人主張回到舊文化中去找民主，如徐復觀先生，有人則否定舊文化，主張西化以至全盤西化。

中國人的智慧不比其他民族差。在香港，在海外，中國人以頭腦靈活出名。就同日本比吧，比如做生意，一個中國人對一個日本人，日本人多半吃虧；但如果三個中國人對三個日本人，中國人就可能吃虧了，因為日本人比較合群，中國人三個在一起可能就要爭起來了。

余：這就是孫中山先生說的「一盤散沙」，這句話是對的；但是我認為這句話是就文化而不是民族來說的。作為個體的中國人並不比別人差，中國傳統的生活方式不大能應適現代的群體社會。說到文化，姑且不講那些高級形態，只就遊戲而言，中西的分別也很顯著。中國人打麻將，同西方打橋牌便完全不一樣。打麻將是以個人自我為中心的，不需搭檔。中國的個人主義不同於西方的個人主義。從這類純以個人利益為中心的遊戲可以看出，中國人比較缺乏西方運動員精神，特別是團隊精神。中國人是很有智慧，個別科學家可以獲得諾貝爾獎，但兩三個科學家在一起，合作了一個短時間，很快就會鬧分裂。這是文化問題而不是種族問題、生理問題或遺傳基因問題，是文化生活方式問題。對中國文化，許多人抱著籠統的態度，或是全面否定，或是全面擁抱它，這恐怕都不是辦法。我們一方面固然應有綜覽全局的眼光，另一方面也要取分析的態度。

鄭：如果從文學藝術的創造性來看，中國沿襲前人的固有形式，即文化的延續性，是沒有任何西洋民族可以比擬的，因而文藝上的創造性就比西洋少。一個藝術家總是要師承以前的一個流派才覺得有地位，只有很少幾個人才能在一派一家之中發揮自己的力量。所以中國文藝的個人創作不是很強的。在傳統的政治經濟上有創見的，如王安石這樣的人，就更少了。這是很特殊的現象，既沒有「團隊精神」，又沒有個人的大膽獨創。

余：當然，說中國完全沒有創造力，也不公平，它也有，只是個性往往不夠鮮明，這是一種「溫故知新」或「推陳出新」的創造形態。

鄭：中國文化是持續的，一貫下來的，西洋文化卻是一段一段的，總文化時間比中國長，可是個別的文化期比中國短。

余：我長期以來有個看法，許多人包括徐復觀先生都不大贊成，我覺得被認為是天經地義的中國的政治大一統，無形中也掩沒了很多東西。很早的統一，書同文，車同軌，人們歌頌的秦始皇的功業，把很多地方文化、地方特性都埋沒了。今天我們在考古中所看到的楚文化，即戰國時期文化，非常多彩多姿，但到秦漢之後這些特色都消滅了，只剩下一個面貌，文學都是一樣的語言，都「雅」化了，失去了原動力。大傳統太強，把所有小傳統都吸進和取代了，見不到個別的地方文化。比如說《後漢書》中西南夷「樂德歌」的「夷語」和《說苑》的「越歌」，原文顯然與漢文化不同，屈原代表的楚文化也同《詩經》代表的中原文化不一樣。所以荀子有「越人安越、楚人安楚、君子安雅」的說法。

中國很早形成一個大一統國家，當然可以說是一大成就，但是我們也應該知道這個成就不是沒有代價的。我認為，今天對這個問題應採取開放的態度加以研究。不能武斷地、不加思索地認為統一就是天經地義。必須說明，我決無意鼓吹中國分裂論，那是不可能的。問題是在於怎樣「統一」。比如說，如果用政治強力來統一香港、台灣，恐怕不用幾年，現在這些多彩多姿的文化形態和生活方式便都消去了。固然多彩多姿不一定都好，但是中國傳統中所謂「道一風同」也需要重新檢討一番。

李：前幾天，我同台灣作家楊逵有過一次談話。他是贊成統一的，他說「統一」和「一統」不一樣，「統一」是大家協調，達成一致；「一統」則是把我的意見強加給你，造成一致。如果大家意見不能協調一致怎麼辦？就只有訴諸民主，多數取決，但民主又往往是一種低效率的辦法，因此，「統一」也未必比「一統」好。

余：這一意義的「統一」近乎哲學家所說的一種「綜合」，能夠把不同意見提高一層次，綜合起來，黑格爾、馬克思的辯證法也有這個意思。這也是一種良好的協調，這是一種很高的理想，但不容易做得恰到好處。而且，所謂民主原則也不能濫用，不能什麼事都以人數來解決問題。比如香港、大陸如何統一的問題，就不宜用全中國人民投票的辦法解決，十億對五百萬，還要投票嗎？香港應屬於中國人的，必須擺脫殖民地的身分——從形式到實質都要擺脫得乾乾淨淨，這是不成問題的。但是香港和中國已分開了一百多年，究竟應該採什麼方式和中國掛上鉤，則不容易決定。但原則上總該由香港居民自己決定。如果香港有三百萬人贊成回歸大陸，那才可以說是以民主的方法解決問題。多數原則也不是在任何情況下都可行的。數量不能成為最高的唯一的價值。如果講民主的話，統一的問題首先便要尊重當地人民的意願。但是，看樣子現在中共絕不會同意，它所反覆強調的似乎只是主權這一項。

鄭：不僅中共，任何國家在這種情況下都不會同意。像阿根廷絕不會同意福克蘭當地人投票決定歸屬。雖然一千八百人都是英國人，但阿根廷在法理上仍需進一步澄清。

余：香港和福克蘭島的情形不同，居民幾乎全是中國人。中共當然有理由把香港收回去。問題是收回以後對香港和中國而言將產生怎樣的後果。僅就中國本身的利益說，如果香港不再是香港，不但不復成其為財源，而且成了一個大負擔，似乎不是明智之舉吧！若香港成了死港，生產停頓，幾百萬人要養，不僅把香港毀了，對中共自己也沒有一點好處。

李： 另外還有一種說法，是中國歷史上，越趨統一，疆土擴大，中央集權就越來越膨脹，因此也越來越專制。

余： 美國也有此趨勢，聯邦政府的權力越來越大，雷根曾想把某些權力交給地方，但地方不敢要，因為涉及責任和經費問題。中央政府權力增大是值得擔心的問題，美國一些講民主的人也擔心。

中國的歷史趨勢確是越來越專制，中央權力越來越大，地方權力越來越小。這個趨勢從秦漢就開始了，宋以下更甚，明、清是傳統皇權的高峰。中國沒有貴族階層，沒有強大的中產階級，社會上都是平民，因此沒有壓力集團足以構成對皇權的制衡，君民之間越來越懸殊。

李： 為什麼一百多年來，中國的革命搞來搞去差不多，萬變不離其宗？

余： 甚至可說是「每下愈況」。這大概就是司馬遷所說的「以暴易暴」吧！如果權力問題得不到制度上的合理解決，再來一次革命也許情形更糟。魏京生上台說不定比毛澤東還專制。

問題不在個人的主觀願望。革命領袖開始未嘗沒有嚮往民主自由之心，毛澤東青年時代也憧憬著「萬類霜天競自由」的境界，但一旦大權在握就不知不覺地變質了。

蕭：中國一百多年來「越來越壞」的原因，在一個「權」字——「權」的性質及其經濟基礎。中央政府權力太大。過去封建時代，雖然皇帝權力大，但地方還有權力，還有紳士階層，但共產黨當權之後，權力集中得更加厲害，它的組織性，使政策可直達底層，促成這現象有兩大因素：第一、黨的組織性質：每層黨幹部的工作態度及效率是由其上級評斷，造成很大的壓力要下級聽命於上級，而不是對下面人民負責，怎樣不實際的政策，也會被幹部推行、貫徹。第二、經濟基礎的變化：這三十多年來政策雖有左右擺動，但生產資料的所有、使用與產品的銷售，卻越來越「公有化」、「集中化」，即是說，國家機器對人民生計控制很大，人民不聽命也不成。

這兩個因素加起來，地方的彈性就比較小。當然，近年來農村生產責任制的推行，與農貿市場的開放，形勢改變了一點。舉個例：大隊要建水泥路，公社卡著不同意，不給水泥；大隊幹部說，現在不怕你，我們在市場買，雖然價是高了，水泥還是買了回來，路也建了，你公社其奈我何？

余：在初期革命時代中共雖已走上集權的路子，但是其中還貫注著一種理想主義的精神。現在完全不同了。中央政策如果不符合土皇帝的利益，就貫徹不下去，會受到或明或暗的抗拒。一旦共產黨原始的革命純潔和道德的熱情消失了，理想主義被掏空之後，它開始腐敗了，惡化了，這種權力的集中和貫徹便只見其害，未見其利了。在某些最極端的情況下，這種集權就無異把過去的地主惡霸集中在地方幹部身上，所不同的是這種地主惡霸是合法化了。過去地主欺壓人還不合法，遇到清官還會懲罰，現在欺壓人是應該的，如幹部吊打五類分子，自覺理直氣壯。過去惡霸私刑是犯法的，現在惡霸則同時也是酷吏，是沒有其他力量可以與之抗衡的。這幾年，我們聽到了無數令人髮指的故事，都是大陸傳出來的，有的且已見諸報章，總不能再抵賴了。正如蕭鳳霞所指出的，過去地方上有紳士，有宗族組織和各種勢力，多少還能發生一點對抗政府濫用權力的作用。毛澤東說農會[1]打倒了鄉下的四種權力（政權、神權、紳權、族權）。不錯，但紳權、族權並不全是負面的，它們也有積極的一面。近幾十年來研究中國傳統社會結構的著作不少，我們不能完全抹殺事實。

傳統社會的另外一個好處是，中國有「藏富於民」的觀念，地方上有紳士、富戶，可以共同建倉儲糧，有時便能發生「積穀防飢」的功能，解決地方性的饑荒。財富集中於政府便做不到這一點。例如中共當年「大躍進」，全國搞垮了，地方上也沒有糧食儲備，只有餓死人。

鄭：毛澤東曾提出「深挖洞，廣積糧」這樣的口號。

余：這是套用明太祖的口號。毛澤東常利用十分傳統的東西，只要對他的革命有利。他的馬克思主義是非常表面的，主要是用來迷惑那些「向西方求真理」的知識分子。他真正管用的東西大部分是從《資治通鑑》、《二十四史》，還有無數表現社會心理的舊小說裡面學來的。搞紅衛兵運動的老祖宗就是明太祖。明太祖用「監生」搞土地丈量，在南京開會，召集各地學生前來，一次就是幾十萬人，同搞紅衛兵運動一樣。毛澤東對舊書是很熟的，他知道很有用。他的書齋裡盡是線裝書。以前我們不知道，接見季辛吉的電影放出來才清楚。有一個生前伴讀的人寫文章說，毛告訴她，《二十四史》中所說的美好東西都是騙人的，不可相信。由此可見，毛澤東讀史所吸收的都是傳統中比較壞的東西，有助於鞏固皇權的東西，使他的個人意志不受限制的東西，加上他的黨是一個最嚴密、最有效的現代組織，這是從前的皇帝所沒有的憑藉。

總的來說，毛澤東運用傳統有兩個方面：一是上層統治的權謀詐術，這是正史上找得到的；一是下層民眾的宗教狂熱，如白蓮教、太平天國、義和團，這是野史小說之類中所記載的。本來中國文化是比較理性的一種文化。至少以大傳統言，它重王道，重均衡，像儒家基本上比較理性，並不像伊斯蘭極端派那樣富於宗教狂熱。但是文革時代毛澤東和毛派卻把古代和現代的許多反理性、非理性的東西混合加以利用，真是威力無窮。可以肯定，如果一切權力或權威都集中在一個極權式的政黨的手中，社會便不會有開放的一天。

蕭：五十年代初期，國內還有一些社團可給共產黨一點批評意見與衝擊，但幾十年來的「社

1 顏按：二十年代北伐軍所到之處成立的農民協會。

會主義改造」，資產階層沒有了他們的經濟基礎與社會力量，知識分子也被迫沉默了，黨外沒有了批評聲音。導致政策改變的爭論只限於黨內。較樂觀的看法，只可要求黨內開明分子自發的將黨改進；較悲觀的看法，是說黨形成了一個自利團體，雖有內部矛盾，但總不會自挖墳墓，近年來專業人才被提升，也有加入黨的，但這一代會變成技術官僚嗎？他們只會在既定政治範圍裡搞專業四化，還是會在政治上給黨帶來新動力、新生命？

李：假如實行多黨政治呢？

余：我們暫不談黨，因為多黨制需要有社會經濟基礎，目前還不可能。比較現實一點，我們如何能有一種對共產黨構成批判的力量，使共產黨在運用權力時有所顧忌。現在，這種顧忌靠外國，比如靠美國施加點壓力要它釋放一個人。但這終不是辦法，不能靠外國政府和其他勢力來解決本國的問題。

李：如果說民族文化有「一盤散沙」的弊端，那共產黨確是實現了前所未有的組織化。是否在一定程度上改變了「一盤散沙」的局面呢？

余：中共所體現的是一種現代「打天下」的團隊精神。他們用「反帝」、「反封建」的口號把人民團結起來。中共在建國初期好像已改變了中國「一盤散沙」的格局，因為「土改」仍能維繫大多數農民的共同利益，甚至打韓戰也未嘗不能激起不少人的民族主義情緒。可是再下去就不行了。真正的團結不能靠內外危機來維持，而是要人民長期對社會體制有信心、有興趣，這個體制必須能保障人民在常態的生活中不斷改善自己的境遇——包括精神的和物質的境遇。中共至少自五七年以後便開始發狂了，「文革」則是最高峰。現在「三信」危機已表面化了，中國又回到「一盤散沙」的狀態。也許不再是「散沙」而是「一團爛泥」的狀態。毛澤東對「鬥」太有興趣，永遠要「一分為二」，安得不「天下大亂」？中共黨內在「打天下」時有團隊精神，但是這種團隊精神在得天下之後也逐漸消失了，結果變成了內鬥，不對外了。「文革」實質上是奪權運動，誰有權鬥誰，沒權請他來鬥他也不會來鬥。右派「死老虎」不鬥，鬥了沒有好處。鬥倒周恩來，就可以把國務院的權都拿過來，鬥倒陳毅，外交部的權就拿過來了，鬥倒彭德懷軍事權就有了。

蕭：這是不是與農民的狹隘性有關？農民在經濟上是小生產者，在文化上是被動性的，認為天下是當權者的。

李：西方農民是否也是這樣？

余：也一樣，對十六世紀歐洲農民革命，恩格斯寫過，最近孔恩（Norman Cohen）有更深入研究，也具有這種歷史的被動性。

李：那麼這不是民族文化問題，而是經濟範疇的問題。

余：是的，經濟背景、經濟條件起了重大的作用。中國的農業文化延續了幾千年，所以，問題更嚴重。西方的封建期很短，只不過在羅馬帝國崩潰、西方分裂之後才開始，中國面積同歐洲差不多，但封建期長，形態是大一統，（「封建」這個名詞本不宜用於中國，這裡姑且從俗。）西方的封建卻是分裂成許多國家，二者區別很大。中國文化以小農形態為其顯著特點之一，小農心理是得過且過，息事寧人。「一盤散沙」的性格也許與此有關，因為秦漢以後，中國的小農有各人自理的分散傾向，發展不出團隊精神來，歐洲中古的農村卻有不同。照孔恩所說，歐洲農民的村落是一集體（collectivity），因為村落中有公地和公共牧場，彼此必須合作，從耕種到收穫都要組成團隊（team）才成。這也許近乎周代「十千維耦」的情況。中國人直到現在，仍是多一事不如少一事，越少和政府打交道越好，海外老華僑依然是如此。

蕭：為什麼中國人那麼重視名分呢？

余：這就是所謂「名教」，共產黨更發展了一套新名教，以名為教，什麼黑五類、右派都是，名正而後言順。中國舊名教打倒後，又借屍還魂，來了一個馬克思名教。話還沒說就先扣帽子。

李：譬如講了一句激烈的話，就說你是托派，因為托派講過，而根本不考慮這話本身的是非。

余：中國本有古訓，不能「以人廢言」。但中共把新名教推到極端，任何人只要政治上犯錯誤，便一切完了。蘇聯都還沒有到這樣的程度，普列漢諾夫政治上出問題，他的書列寧還說能教育一代人，他的書一直在出版。但中共過去的做法是一個人政治上出問題，他的書立即被禁，不管是好是壞。

傳統禮教道德最大的問題也在這裡。一個人只要在道德上犯了一點點錯，整個人就會遭到徹底被否定的命運，變成一無可取了。宋明理學經過意識形態化以後，就變成「以理殺人」，而且死了也沒有人同情你。這完全違背了孔子所講的恕道。把名教道德用到歷史研究上，於是便有了褒貶史學，首先問這人是好人還是壞人。中國褒貶史學的語言也是成套的，一套用之於好人，一套用之於壞人。戲台上的好人壞人用紅臉白臉表示，也是這種思想的延長。

這套東西在中共治下則發展為新名教的史學。中共研究歷史人物是十分有趣的，對人物先定性、定位，是肯定的還是否定的，再作「研究」。定位以後再由黨中央來「定調」，好到什麼程度，壞到什麼程度。這算什麼歷史？

鄭：中共文藝強調愛憎分明，失去美學中的均衡道理：人的好壞與感情要從整個的形象去看，不可一刀兩斷。動輒便以「人人得而誅之」這類成語當作處斷事件人物的準則，這是一種絕對化的反人道主義的作法。

余：我們不需要這種絕對精神。

鄭：我覺得調和折衷也不錯，這是符合人的本性的。樣板戲只有正反兩種人物，沒有中間人物。這種絕對化在政治上有時可以相機運用（例如不是朋友就是敵人），在文學上就完全錯誤，歪曲了人性。而且，好人永遠是好人，壞人永遠是壞人，便造就了許多亂源。

蕭：一般普羅大眾對政權的看法，是否也有他們文化上的限制？

余：中國老百姓在政治上從來是被動的，除非硬是活不下去了，才會跟著起來造造反，平時從來不是一個積極因素。統治者給農民一點小恩小惠，他就滿足了。毛澤東分點田給農民，農民就跟著他走。當然，這是大恩大惠，至今還有些老農民不忘毛澤東。但是一搞「合作社」或「公社」，就引起了許多農民的抵抗情緒。馬克思本來就說農民是很保守的。中國農民造反多是由一些地痞流氓分子帶頭，幾百萬農民是被捲進去的。恩格斯也指出德國農民起事中總是滲透了許多「江湖浪蕩之人」。中國的小農民一般是自私散漫的，他們不大可能自動自發地起來革命！陳勝吳廣、赤眉黃巾，黃巢方臘，這些所謂農民起義，其中都有不少城市的流浪分子。另外鄉間的流氓、地痞、神棍之類分子也往往是帶頭鬧事的人。總之，正當的農民決不是主動造反的人。在大饑荒或「官逼民反」的情況之下，總有一些「江湖浪蕩之人」利用宗教迷信把農民鼓動起來，找一個題目去殺貪官富豪，從一個村鎮蔓延到另一個村鎮，不可收拾之後，便天下大亂。從農民個人的意識講，他並不想造反，更沒有改革天下的志向，只要有個苦日子過就行。朱元璋有「皇陵碑」、「世德碑」，說明他參加造反的經過，很可代表一般農民的心理。他就是「逼上梁山」的，最初毫無目的、毫無計畫。這就是農民的文化限制。中國人民是最好統治的人民。據大陸來客說，過去革命老根據地的陝北，前幾年還有全家農民挨餓的事情發生，他們依然逆來順受。如果在西方，這些人早就鋌而走險了。

中國沒有天賦人權的觀念，沒有西方宗教觀念，不信上帝創造人，因此達爾文的社會進化論在歐美引起很大震動，在中國卻被視為很自然的事，說人從猴子變來也不以為怪。西方「上帝創造人」是一個不用證明的盲目信念，因此人是生來平等的。中國沒有這個假定，認為聰明才智之不同是與生俱來的，於是就認命了。因此，命運的觀念在中國十分流行而強烈，佛教傳來以後更加強了消極的逆來順受的人生觀。這是說的一般社會上的思想狀態，不是講中國高層哲學理論。

鄭：五四時期很多人提出來：中國民族性中有許多不是積極向上的成分，是否與儒家道統有關係？

余：儒家的東西有好有壞，其中有很好的東西。儒家不必假定上帝的存在而直接肯定人性，肯定人性的光輝，正式提出性善論。它的好處在於不與科學處於對立的地位。它從事實出發，肯定人的本性中有與動物不同的高貴的一面，即所謂仁、義、理、智。儒家只說這種人性是「天」給我們的，但不再追溯到一個全知全能的上帝。

儒家在中國思想中是最重視剛毅進取的一派，五四的看法是不正確的。現在新加坡還有不少知識分子是受了五四影響，誤解儒家。我今年（一九八二）八月在新加坡時曾一再加以辯駁。孔子讚顏回是「吾見其進，未見其止」，《中庸》中有所謂「南方之強」、「北方之強」，可見儒家看重的價值是進取和剛強。倒是佛教、道教比較宣揚退縮的人生觀，要人知足。但是我們也可以說中國哲學要照顧兩面，有積極進取的人，也有消極退縮的人；有人入世，也有人出世或避世。儒道兩家恰好各偏重一面。

蕭：我想在中古時代末期，西方哲學是不是已承認了人的存在價值，人是其行動的主宰也有了人的尊嚴這概念？儒家又如何？

余：孔子說「為仁由己」，人的尊嚴是中國思想自始便承認的。這是說人在道德上必須自作主宰。孟子也說「雖千萬人吾往矣」。西方中古時代人的尊嚴壓縮在上帝觀念之下，文藝復興以後才發展了近代的人的尊嚴理論。西方理論總要找一個源頭，即上帝，以為最後根據。但你若不信上帝就麻煩了，「上帝死了」又怎麼辦？儒家不窮追這個源頭的問題，只講人是萬物之靈，可以在文化中不斷改進自己，這是儒家的好處。不過它對人的權利的觀念不那麼明顯。

鄭：中庸之道便由此而生。中國政權往往走兩極，走極端，而不行中庸之道。

李：外國也有中庸之道。

余：西方的中庸之道不普遍，不明朗，在中國卻相當普遍。問題在於，實行不易，所謂「中庸不可能也」。以個人而言尤其難分辨真正的中庸還是鄉愿。某一個人究竟是活用原則還是根本沒有原則，有時很難判定。像周恩來這個人物，是中庸還是鄉愿？恐怕一時還不能作結論。孔子也寧取狂或狷，有明朗性格。「狂者進取，狷者有所不為。」以政權言，中庸是政策定得恰到好處，不能「一面倒」。我個人認為只有真正的民主政治才是中庸之道，這是中國從古到今都未能達到的境界。

鄭：（略，關於三民主義是兼採中西。）

李：中國人尤其是農民的極度貧困和缺乏教育，同他們接受共產黨的說教和統治，是否有必然的聯繫？

余：中國人容易接受社會主義型的思想也是有傳統的。中央集權制在漢朝興起，同時就有鹽鐵專賣，也就是大企業國有化。田制則一向有「普天之下，莫非王土」的觀念，王田、均田都是傳統的理想。政府一直是在同大地主爭土地和農民。這一源流長遠的傳統使得中國近代人很容易為社會主義所吸引。中國傳統社會又重農輕商，歧視商人，因此也就自然地厭惡資本主義。

鄭：中共現在不是實行馬克思主義。（略）

余：馬克思主義在今天是個大問題。蘇聯官方還有幾個人研究馬克思主義，中國人恐怕沒有人認真地研究馬克思了，毛澤東生前就說過這類話。其實毛在一九四九以後也未嘗再碰過馬克思主義。至少找不出任何證據，說中共仍然努力作這一方面的工作。這本不足怪，馬克思的東西和中國情形很難真正接上頭。

鄭：馬克思主義在現在西方學術界還有相當的地位，很多知識分子還相信在科技發展到某種程度，種族宗教的影響削弱到某種程度，它可能是世界大同的理想境界，不管用什麼方法去達到。但大家相信絕不是列寧、斯大林的方法和俄國、東歐沒有人權的不民主的方法可以達到的。

馬克思主義最基本的要求是建立民主，先在產業工人中建立，因為他們比較有知識。但是，中國還沒有這樣的工人，或者很少，最多的是農民。因此，怎樣在農民、知識分子和新萌芽的現代工業基礎上建立一個民主的政治哲學，是很值得討論的。孫中山的三民主義中，有不少儒家的傳統道德，他的做法可為借鑑。

余：大體說來，孫中山先生的路線沒有錯，他想結合西方和中國的好東西，他是否已結合及完全成功當然可以討論，但它比五四以來的「全盤西化」、本位文化，以及馬克思主義，都要合乎中國的實際。它的大方向是不錯的。

馬克思主義問題很多，我不認為馬克思主義是人類未來的希望所在。馬克思主義的高潮已過去了，以後只有逐漸退潮，它的影響已融化在學術思想的各部門之中。但作為一個政治綱領它從來沒有成功過，所有試驗社會主義的國家，沒有一個完成了社會主義的建設任務！反而造成了很大的問題。比如波蘭，工人直接對抗共產黨。（鄭：這是對馬克思主義最大的諷刺。）這可以看出，文化傳統大於政治力量。波蘭是天主教文化傳統，天主教至今仍佔最高的精神領導地位，波共也不敢碰它，如果不是蘇聯武力撐腰，波共早被推翻了。

鄭：孫中山曾說「民生主義就是共產主義」，雖然有宣傳性質，但這句話不能忽視。平均地權、節制資本的靈感即來源於此，應予適當的解釋，這也是打擊列寧主義、斯大林主義的好武器。

李：孫中山對共產主義究竟怎麼理解？

余：孫中山說馬克思是社會病理學家，而不是生理學家，可見他不贊成共產主義。但他說過「民生主義即共產主義」的話，他那句話是在國民黨容共時說的，意思很明顯，他是對共產黨人說：你們何必還搞共產主義？我的三民主義就是共產主義嘛。這句話不必費九牛二虎之力去解釋，完全是個策略，他表示：我可以包容你們，你們的共產主義不過是我們的三分之一，我還有兩個主義，你們沒有。

鄭：保護發展民族資本，這同現時的馬克思主義政權的政策完全不同。

余：馬克思主義作為一個社會批判的武器是非常有力量的，可是一落到實踐層次，使它制度化時，就成問題了。馬克思主義經過建制化之後就成為一黨專政的機器，壓得人透不過氣來。所以馬克思主義只能作為一個抗議性的、批判性的東西存在，這時它是有生命的，有價值的。它可以革命，不能建國，也就是可以「馬」上得天下，不能「馬」上治天下。

鄭：（略，關於台灣應該用「孫逸仙模式的社會主義」去爭取友邦，以提升三民主義的國際地位。）

余：問題不這麼簡單。台灣並不是社會主義的制度；另一方面，政府對私人企業的干預很多，因此也不是完全的自由經濟。台灣經濟有很大一部分是資本主義形態的，不過它受到節制。另外，從經濟學來說，國營企業頗不成功，很有問題。

李：在我同多位學者和朋友們討論中國民族文化這個命題時，總是或多或少給人以困惑之感，那麼，我們是否可以看到未來的某種突破呢？

余：突破首先是我們自己在觀念上的事。我們必須對中國文化採取分析的態度，不能籠統的肯定和否定。事實上，文化傳統不論你喜不喜歡，是丟不掉的。我們所能做的只是自覺地、分析地、批判地加以選擇和改造。無論是全盤西化或是馬克思主義化都行不通。

李：是否只要是「中國式」的，如民主，社會主義，就對了……

余：「中國式」三個字要小心注意，不能用來掩飾某種不光明正大的企圖。譬如說「中國式」民主可以事實上是一黨專政，「中國式」社會主義可以變成一黨獨佔生產工具和生產資料。我認為我們著眼點應該放在社會上的每一個個人上面。在這一觀點下，民主必須是社會上每一個人的人權都獲得充分的保障，社會主義作為一種原則而言，則必須保證每一個人的經濟公平，即所謂「各盡其能，各取所值。」「公平」（fairness 或 justice）的觀念最近受到西方分析哲學家的注意，提出了新的問題。從個體著眼，一個合理的社會體制必須是「人人各遂其私以成天下之大公」。「公平」和「私」在這裡是一種辯證的關係，是互相補充的。把「公」與「私」放在絕對對立的地位是中國傳統思想中的一個不甚可喜的趨向。宋明理學末流把「天理」（公）與「人欲」（私）加以絕對化對我們今天仍有影響。毛澤東的「破私立公」是這一思路發展的頂峰，其真實涵義

（至少是其具體結果）乃是毀滅人之小私以完成一人或一黨之大私。中國人對「私」字缺乏健全的理解。「破私立公」是「天理人欲論」的現代化身，與馬克思主義無關。這又是毛澤東發展了中國傳統中比較不健全的一面的真憑實據。原始儒家的大同小康理想對公私的看法反比後來合理。所以小康是「天下為家，各親其親，各子其子」。而大同則是「天下為公……故人不獨親其親，不獨子其子。」「不獨」兩字便表示不全廢「私」，不過要超越「私」而已。事實上，「大同」永遠是人類的理想境界，「小康」才是現實。無論民主或社會主義都只相當於「小康」的局面。宋明理學以後，中國思想家早已反省到「私」的重要性。由於章太炎以來的宣揚，我們今天都知道十八世紀戴震有「理存乎欲」的說法。我曾指出這是中國式的人權論，即每一個人都有權利去滿足他的正當的「情」和「欲」。現在我還要特別指出，十七世紀有一位陳確，對「私」字有突破性的見解，一直到今天還沒有人注意過。陳確有一篇〈說私〉，正面肯定「私」的價值，認為「惟君子而後能有私」。並且說：「彼古之所謂仁聖賢人者，皆從自私之一念，而能推而致之以造乎其極者也。」這是對儒家思想的一種重大發展，更可以看作中國人權論的理論基礎。這也是上面所說的，從每一個個人的觀點來看社會體制。我們如果善於發揚傳統中這類健全的思想，便可以戳破「破私立公」那一類的邪說。

中國如果有一天真正實行民主，其形式必然與英、美、法不同。事實上英國與美國的民主形式便大有不同，這也和社會文化背景分不開。中國眼前還不易出現兩黨制或多黨制。一黨獨大的局面是歷史上既成的事實，且不僅中國為然。日本、新加坡也是如此。但無論開始時的形式如何，民主必須是真民主，選舉必須公平公開。民主只有一種，其他所謂「民主專政」或「指導民主」都是假貨色。馬列主義的「無產階級專政」是不能成立的，是現代的政治神話，我們決不可隨便附和。

就實際情況說，台灣近三十年來出現了一個中產階級，知識分子的批判聲音也很大，因此地方和部分中央選舉已有了初步的基礎，這是可喜的發展。但黨禁尚待開放。大陸上也在改變之中，一時還不易看出其歸趨。大陸上還不可能出現中產階級，不過知識分子的政治比重必然越來越大，青年一代的知識分子已普遍要求民主了。「四個現代化」如果有成就便必然會逼出「第五個現代化」（民主）；如果失敗，可能會引發政治逆流，那決不是中國之福。從樂觀的方面看，我們只能期待「革命特權階層」過去之後，國家的領導權逐漸轉移到比較理性的、具有現代知識的新一代之手。等到新一代的知識人深刻地認識到馬克思主義的公式不能解決中國的問題之後，他們也許能重新正視匯通中西的任務。中國這樣一個悠久的文化傳統，不是一兩百年的變亂所能毀光的。這個傳統中的合理成分必須被重新發現、重新肯定，只有在這個民族文化基礎之上才能發展出「中國式」的民主和「中國式」的社會主義。現在中共官方仍然供奉馬、恩、列、斯四大洋神，一切都無從談起。

李：一個主義能否解決世界上這麼多問題？

鄭：沒有任何主義可以解決所有的問題。如西洋的資本主義也是慢慢發展出來的，資本主義的條件在中國是難以實現的。

李：西方也沒有資本主義聖經。

余：資本主義的產生沒有任何聖經，不過與基督新教的倫理有關。中國的信心危機表現在老在想找一個新的哲學，新的萬靈藥來解決所有問題，來代替舊的一套。這是完全錯誤的想法。馬克思不行了，想換一套牛克思。許多大陸來的留學生跟我談這個問題，我說，我不相信有任何一個哲學信仰能解決所有中國的問題，世界問題亦然。

李：能否說這是一種沒有信仰的自由主義？

余：不是完全沒有信仰，有一些基本原則，基本價值，那就是人的尊嚴，人的生存權力，人的一定程度的私有，這是不能放棄的。共產黨的公有制是一黨私有制而不是國家公有制，因為一切生產資料和產品都控制在一黨手中，黨領導人就是老闆，工人農民能控制什麼？人要是不能掌握自己的生存權利，還有什麼尊嚴？不過分發展資本主義我們都贊成，但如果完全沒有私有，你就無處可躲。某種限度的私有——即個人衣、食、住、行所必須的財產——是人的生命的基礎，起碼限度的私有制是非要不可的，否則，你飯都沒有吃的，人格尊嚴怎樣保持？中國現在個人的尊嚴沒有保障，一切靠黨，不聽黨的話就沒有飯吃，這還有什麼人的尊嚴？人的生命權利是最基本的東西，決不容許剝奪的。中共過去最荒唐的口號就是「一不怕苦，二不怕死」。哪有政府公然鼓勵人民去受苦和死亡的道理？老子說，「民不畏死，奈何以死懼之」。如果全國人都不怕死，那就是造反的時候到了。

李：馬克思主義產生一百多年了，並成了一些執政黨的理論依據，今天，我們對它可以作一個怎樣的估計呢？

余：首先，我覺得應作一個客觀的、全面的基本清理，看看它的好處和作用在哪裡？它是不是解決中國的萬靈藥？我們不能接受馬克思主義是「放之四海而皆準」的大前提。

蕭：先要弄清馬克思主義的含義是什麼？它的辯證方法，列寧、斯大林、毛澤東如何利用它？一提到馬克思，很多人就想到政治意識形態，而不是哲學理論。

鄭：有許多人不從馬克思主義的原理和理想去作探討，而把它當作爭權奪利的工具，因此便越弄越壞，沒有人正確地對待它，比如關於它的人權思想……（余：它本身包含了一些矛盾。）可用它的精神，採取有用的一部分，勇敢地拋棄一部分，批判它在實際上造成的混亂和社會不安定，對人的尊嚴的損害。

余：比如它的歷史唯物論便不能成立。

蕭：西方自由主義者對馬克思主義已有很多批判，但批判的是它的政治意識形態，而不是哲學思想。

余：基本哲學上要批判的地方實在太多了，比方說以恩格斯的《自然辯證法》和《反杜林論》來說，這仍是十九世紀的科學觀，今天已經過時了。其中合理的部分則與馬克思主義無特殊關係，是一般科學史上的常識。這不是我的意見，是一般講科學哲學的人說的。馬克思主義的好處，說來說去還是在於有批判力量。

中國人為什麼容易接受馬克思？我想關鍵之一是因為馬克思主張哲學的任務是改變世界而不是解釋世界，這同中國哲學的基調一拍即合。中國哲學的精采處不是解釋世界，正是要改變世界，所以合中國人的口味。西方哲學主流從柏拉圖到今天的分析哲學則基本上都在解釋世界，所以，馬克思來到中國正好幫了倒忙，中國需要的是補上解釋世界這一環節。西方的科學（包括人文、社會科學）當然更是以解釋世界為其主要任務的。

李：愛因斯坦說，我只能告訴你事情是怎樣，而不能告訴你應該怎樣。

余：馬克思理論的重點便在告訴人應該怎樣，這是改造世界的立場。不過馬克思畢竟源出西方傳統，他在「應該」之中仍有「是怎樣」的一環，如唯物史觀、辯證唯物論之類。在今天看來，他的「是怎樣」的部分實在失之偏頗，我們已無法接受了。「應該怎樣」則可以說是馬克思主義最吸引人的部分。馬克思主義在中國能大行其道就是靠這一部分。中國思想傳統也偏於「應該怎樣」，在這一點上和馬克思主義是屬於同一性質的。所以馬克思主義導入中國不幸而為「以水濟水」，甚至使中國舊傳統變本加厲，因為它反而加強了中國思想的傳統傾向。「應該怎樣」是價值問題，「是怎樣」是事實問題。以前大家把這兩者盡量分開，最近西方思想的發展則使我們了解事實與價值之間的關係非常複雜，尤其在人文社會科學的領域之內更是如此。但無論如何，事實與價值之間最後終有界線存在，否則便沒有客觀學術研究可言了。

儒家思想當然也是以「應該怎樣」為中心，不過其中又分為兩派。程朱一系講「格物致知」，比較注重「是怎樣」的問題。尤其朱子強調「先知後行」，把解釋世界放在改變世界之前。這種觀點是可以引導上科學的途徑的。陸王一系講「先立其大」，把「德性之知」或「良知」提升到絕對性的位置，講到極端變成為輕視知識、反知識，甚至有人說知識是毒藥，不但無助於道德，而且追問「是怎樣」到底反而使人懷疑「應該怎樣」了。本來儒家這兩派都是追求個人道德修養的，因此兩者儘管立場各異，尚無大問題，我們可以說二者殊途同歸。但是一到近代，整個思想情況變了。中國現代化不能完全不要客觀精神，講到科學，我們固然要發揮程朱一系「窮理致知」的精神，即使講制度化的民主，我們也不能不注重客觀精神。陸王的道德主體觀念當然也不可缺少，然而它的應用範圍畢竟要比程朱狹小多了。科學研究不是主體性的用武之地。以民主而言，當然每一個個人都必須成為一政治主體，陸王精神在此有其重要意義。但是民主首先要有客觀制度才能搭成立體的架構，否則個人的主體性根本無所依附。在客觀架構沒有建立以前，只有少數有權力的人才能表現主體精神。過去三十年大陸上只看見毛澤東一個人的主體精神，這真如黑格爾所說的，東方只有一個人有「自由」。黑格爾的話用之於中國古代歷史上並不正確，但不幸卻成了現代的預言。

五四所提倡的民主與科學仍是今後中國人所要走的正途。不過五四反傳統太過分，對道德主體一面的確缺乏認識。但是矯枉不能過正。現在有少數人仍然大談陸王的主體性，對客體性一面表現出輕蔑，甚至武斷地說如果道德主體性不先建立，則一切文化——科學、藝術、宗教等——都無價值。這種極端的態度頗令人擔憂。中國大陸三十年來的災難，其思想上的根源便正因沒有客觀精神，使得一個獨夫的主體精神可以橫衝直闖，所向披靡。

我在別處早曾指出[2]，中共特有的「紅」與「專」的問題便是淵源於程朱和陸王兩個不同思想系統。程朱要在「道問學」、「尊德性」之間取得平衡，這就是主張「又紅又專」的一派人的根源；陸王要「先立其大」，說「既不知尊德性，焉有所謂道問學？」，這便主張先「紅」才能「專」，甚至「紅」即是一切的一派人的老家。但這種現代化身早已與程朱和陸王的本來面目無關了。這只是思想上庸俗化的墮落罷了。我曾請教過許多研究蘇聯和東歐的專家，他們都說「紅」與「專」的問題在那些地區並不存在。可見這又是中國傳統的惡化，與馬克思主義無關。

目前中共領導階層特別強調「實事求是」的口號，表現了向客觀化轉向的傾向，在我看

2 編註：指一九七九年發表的〈從「反智論」談起〉，收入《史學與傳統》一書。

來是好事，問題在於能不能認真地做到。

李：不過，從社會上說，兩派存在也是有思想根源的。中國人常不面對現實，所謂阿Q精神。

余：不重客觀精神，特別強調主觀、主體，這就是陸王派的特點。這一派講到極端，只剩下一個虛脫了的精神，其他都不重要，這就變成了阿Q的「精神勝利法」。

李：余教授前面談到應形成一種對共產黨有制約作用的批判力量，我也想過，在中國不說搞反對黨，就是搞團結工會也不可能，建立某種批判力量也許比較現實，那麼誰來承擔這個使命呢？

余：是的，知識分子是一個力量，如果共產黨有了新的生機，願意讓知識分子成為一種批判的力量，那是一種進步。

鄭：（略，大意是海外知識分子若只批評政策，沒建立新的政治哲學，革命就不會發生，民主也沒希望。）

余：如果思想上沒有新反省，客觀制度不能建立，再來一次革命，新政權上台還是照舊，以暴易暴，不解決問題。

李：所以，要從民族文化上著手。

余：伊朗就是個以暴易暴的例子，假若現在的馬克思派推翻何梅尼政權，那情況會更厲害，更「暴」。當然，伊朗也是東方專制主義系統，古代波斯就是如此。東方專制有霸道和王道兩種，中國是王道，算比較好的。儒家、道家在中國文化裡提供了一些溫和的合理的東西，講仁道，比較顧及人民利益，規勸統治者不能做得太過，人道主義應該說是儒家的思想基礎之一。

李：但為什麼知識分子從未擔當過社會批評者的角色？

余：在專制之下，他沒辦法表達意見。西方 intellectuals 一詞是法國人十八世紀首先使用的，俄國人、西方人也用了。中國古代叫士大夫，也有批評朝政的，但終不能形成一種組織力量，只是個別的，也沒有進行過對制度和政權的本性的批判。

李：是否因為科舉制的束縛太長了？它使許多知識分子醉心於功名，追求權勢，而忘掉了以天下為己任，放棄了作為批評者的責任？所謂「讀書做官」，確是中國沿襲已久的仕途。

鄭：中國文學作品中對社會的不平，貧富的不公，對勞苦人民的同情心，對天災人禍的憐憫，知識分子的這種情操一直是有的，甚至是強烈的，只不過以前沒有大眾傳播，不可以充分表達，發揮它的社會功能。關心國家大事，像鄧拓說的事事關心[3]，這是中國知

3 李註：鄧拓是雜文家，曾任人民日報總編輯，文革期間被鬥致死。他曾引用明朝東林黨一聯自勉：「風聲雨聲讀書聲，聲聲入耳；家事國事天下事，事事關心。」

識分子的傳統。

余：像鄧拓歌頌的東林黨，這是中國知識分子的抗議傳統，它實際上是中國的反對黨，是知識分子的積極表現，大學生運動從東漢就開始了的。但是這種傳統不容易持續下去。

鄭：《儒林外史》中描寫過鄉民關心國家大事，朝廷每次有快報傳下來，大家就傳閱，對什麼人罷了官之類都甚有興趣，讀書人在這種京畿至鄉村的傳閱中是起主要作用的。

余：抗議是有後果的，朝廷是要抓人的，你沒處可躲，只有流浪，當亡命徒，像譚嗣同的〈絕命詞〉寫的「望門投止思張儉」，沒處可跑，跑到哪裡哪裡受連累，社會上沒有一種力量保護你。像美國有法律保障報章電視的批評權利，政府也沒有辦法，但是，中國一直沒有。中國知識分子集體在政策上同政府對抗，在人類歷史上是最早的，這是光榮的傳統。可是在大一統的專制下很容易被各個擊破，擊破後幾十年、幾百年也難以恢復。

鄭：（略，關於國民黨推「訓政」是靠知識分子。）五四運動的破壞性比建設性大，只是在文藝上有所建樹，在政治上完全沒有建樹，沒有提出一個完整的方案……

余：我們對五四時的知識分子也不能要求太高，他們沒有組織，是不起作用的，一旦有組織後，他們就變了，就不是知識分子了。

鄭：最近讀了傅斯年的信，感到他的愛國情操是很值得敬佩的。如果一個政權知道要保持它的新生、活力，就應該重視知識分子的作用。抗戰時，國民黨搞過參政會，請有學養的知識分子參加，除了不能攻擊最高當局，什麼話都可以講，成為一個自由論壇，這是從傳統觀念中發展出來的措施。

余：國民黨對知識分子還保留了一些傳統做法，尊重士大夫階級有學問的人，請他們講學，有些像「經筵講座」的樣子。但毛澤東不同，他一方面看不起知識分子，另一方面在知識分子面前又有自卑感，知識分子的命運就慘了。

李：究竟當前知識分子在中國應扮演什麼角色？

余：首先必定是批評者的角色，其次是以專業知識促進現代化。

李：如果一個政權不容納批評，批評便只有願意作出犧牲的人才敢於去做，而願意犧牲的人是很少的……

鄭：而且，在那種情況下，不能通過大眾傳播進行批評，批評的影響力就很小。

余：我認為，情況會發生變化。以後權力會逐步轉移到有知識的人手中。中國現在也在要求幹部知識化，要利用知識分子的知識。不過那時會出現什麼情況？比如電腦在人們生活中的作用，我們不能想像。將來的遊戲只能是有知識的人去玩的。現在的政治局還是長征幹部在玩，將來老的死了，加上科技發展，沒有專長的人想玩也玩不了啦。

鄭：那時，知識分子就不只是批評，而是要參與，在內部發生影響。

余：西方宗教是耶穌不管凱撒的事，中國讀書人就要管，治國平天下，這是不同的文化背景。中國革命同西方不同，都是知識分子領導。俄國、東歐和中國都不一樣。中國知識分子確確實實是站在第一線的，這個傳統沒有死掉，包括現在不成功的民主運動。

鄭：一個政權穩固時，它對批評就不愛聽，不但不聽而且動不動就抓人，所以最後不起作用。像《七十年代》在海外影響力很大，但對大陸政策就沒有影響。（余：間接地有影響。）除非是它覺得你《七十年代》說的話預示了它的某種危險，它就不得不去聽，否則，就置之不理。

余：中國文化根源深廣。毛澤東所用的不過是中國的一套帝王權術，特別是明太祖，是他的正宗祖師爺。四九年我就聽說毛對吳晗的《朱元璋傳》提過很多意見，當時我沒在意，沒想到「文化革命」全暴露出來了，連口號都搬來了，「深挖洞，廣積糧」。他念古書，不像讀書人是享受、欣賞，他確是「古為今用」。他知道怎麼利用人、整人。你罵兩句他也不在乎，他五七年搞「陽謀」估計錯了，他以為人們只會小罵，知識分子已經臣服於他了。可是一下子爆發了抗議式的浪潮。這是我樂觀的地方，即中國知識分子抗議的傳統是不會斷的，野火燒不盡。中國文化傳統中的理性成分終會制服權謀詐術，這是我個人的信念。

鄭：知識分子缺乏對現實的分析能力。如三十年代的某些作家把中國兩千年的封建罪過都要國民黨負責，直到今天還沒有理性的區別。

李：中國有個簡單化的做法叫「歸類」。可以因一句話把你歸入右派，親國民黨一類，又可以因另一句話把你歸入美國革命共產黨一類。總之，是先強調你的「立場」。先判斷後分析。

余：西方人對這種「歸類」稱之為 name-calling，以惡名加諸人，最無聊。西方人沒有「名教」傳統，他們總是先把事情搞清楚，然後再下判斷。中共則是先有喜惡判斷。站穩立場，然後才面對事物。這種倒置的思維，不可能產生科學，民主也不會有。

李：討論問題不是注意它本身，而是先研究討論者的立場，出發點，甚至什麼「來頭」，是不是來幹我了？這樣，在爭辯時就帶上了情緒的痕跡，損害了討論的客觀性。

鄭：西方人吵完了就完了，事後就忘了。他們真是對事不對人，與人不相干。

李：那麼，海外知識分子對中國能做些什麼呢？

余：我認為，海外知識分子是很關鍵性的。它應該提供一種聲音，這種聲音在國內還不能直接說出來，在香港至少可以說十五年[4]。把共產黨的真面目說清楚，看它是不是代表工人階級和人類最美好的未來。中國是可能有美好的未來，但希望不在他們身上，尤其要戳穿他們拿中國文化中的壞東西維護自己的私利的本質，促進他們由此而引起的反省。他們之中有些人是能夠進行反省的，應該相信這一點。

當然，問題不是那麼簡單，不是像五四時代喊幾句打倒孔家店就完了。但五十年之後來反省，會看得更清楚。像魯迅說：「試到中央公園去，大概總可以遇見祖母帶著她孫女兒在玩的。這位祖母的模樣，就預示著那娃兒的將來。所以倘有誰要預知令夫人後日的

4 李註：訪談時一九八二，距九七是十五年。

丰姿，也只要看丈母。」（顏按：語出〈這個與那個〉）他很懂得時間的力量。你看，毛澤東現在顯相了，同明太祖非常像，他畢生嚮往的就是秦始皇、漢武帝這些人物，明太祖也是他心中的英雄。

李：魯迅揭穿假面具的本領是令人敬佩的。

余：他揭得還不夠，因為時代不同，他以為共產主義一來，便可以解決所有問題，這是他後期相信的。他說，中國書可以不讀或少讀，但他讀的外國書也有限。我認為，不讀中國書不能了解共產黨，沒有中國書就等於沒有鏡子，怎麼照得出醜惡美善？做知識分子的等於做一面鏡子，讓人照去。

鄭：我們仍然希望他們把壞的政策去掉，讓人民多得一點福利。

余：共產黨像他們常說的從「量變到質變」不是不可能的，我們希望如此。不能說他們絕對不會變，四人幫打倒了，學術自由恢復了一些，情況還是比過去好多了。我常向大陸來的學者說，這三、四年是中共當權以來學術思想最自由的時代，比「文革」前還要好。但以我們海外的標準說，當然還大有差距。

我對共產黨的看法，基本上是不相信它會很快地變好，但我也不願意相信它絕對不會變好。可以肯定的一點是，中國再經不起一次革命，而且革命沒什麼好處，換一批新人可能更壞，因為他們有銳氣，保持權力的本事也更大。

鄭：我想真正的革命沒有那種條件，兵變政變之類的事則無法預測了。

李：若有兵變那就更糟了，可能更專制。

余：也不一定，可能造成分立局面。搞政治避免不了妥協、折衷。無論蔣經國、鄧小平都非如此不可。不能罵政治家妥協。那樣批評就落空了。作為知識分子，我們同大權在握的人必須保持一個距離，我們並不怕他們，也不躲避他們，但是不能依附他們或作他們的代言人。知識分子必須在自己與權力之間劃一條界限，不能不講原則，不能隨便妥協。

李：我想我們的討論可以告一段落了。我們談到了中國的民族性、民族文化、哲學傳統、現實政治和當代知識分子的抗議精神等問題。這些大問題都是一下子談不完的。不過，也許這是《七十年代》探討中國問題的根本所在的一個開始，以後還要請各位深入寫點文章。余教授能不能為我們的討論作一個簡單的小結？

余：我們這次是古今中外無所不談，很難用幾句話做總結。但是大體也可以看出幾點共同的傾向：

第一是我們都感覺現實有歷史文化的背景，關心中國前途的人不能沒有歷史文化的深度，西方也沒有現成的萬靈藥，可以供我們取用。

第二是我們都感到思想上的反省工作還得繼續深入去作。我們非保持一種完全開放的心靈不可，不能作抽象的名詞概念的俘虜。西方人叫 the tyranny of concept（概念專制）。在思想工作中沒有不能懷疑的「天經地義」，但是懷疑又必須有根據，不是撕破一切的虛無主義。這兩種態度是相輔相成的，所以必須隨時隨地下功夫。思想問題無法偷懶。

「天下為己任」是傳統士大夫的說法，現代知識分子則是社會的良心，要說出自己能心安理得的話。在目前階段，中國知識分子尤其應當發揮批評的功能。但我們又不能自以為是，發現自己的錯誤之後便應毫不遲疑地自我糾正。知識分子容易流入「自我中心」的格局，這是我們大家都要引以為戒的。

【編按】

本文原刊一九八三年二月《七十年代》一五七期，原題〈訪余英時談傳統文化與現實政治〉。亦有收入李怡《知識分子與中國》一書，標題〈知識分子必須是批評者，西方沒有現成的萬靈藥〉。

訪談時間是一九八二年十月八日，地點在美國耶魯大學所在的康州新港，發表前曾獲余英時過目及補充。

李怡在一九七〇年創辦並擔任總編輯的《七十年代》，原屬於香港左派陣營，但在訪問余英時的一年前，因為陸續刊出徐復觀、勞思光的專訪，已被中共徹底割席，成為獨立刊物。後在一九八四年改名《九十年代》。

代結語

待從頭，收拾舊山河

在西元一千年的前一兩年，歐洲正處於基督教思想深入人心的時期，那時歐洲人心惶惶，都以為世界末日將至，因為當時盛傳一千年是「最後審判」的日子。現在兩千年離我們只有十年了，許多中國人，特別是知識分子卻都對二十一世紀的降臨抱著無限的憧憬和期待。這一對照是十分有趣的。

最近幾年我們常常在報章雜誌上看到「二十一世紀是中國人的世紀」這樣的自我恭維之詞。這句話的來源大概是六十年代湯因比（Arnold Toynbee）和日本思想家的對話。那時西方危機重重，湯因比因此對亞洲文化有所嚮往，自是人情之常。但時至今日，亞洲只有一個日本在經濟上贏得了「世界第一」的稱號。中國則由於真相畢現而使湯因比的預言徹底破產了。

二十一世紀的中國不大可能有光輝前景，因為中國人自己在二十世紀造下的罪孽太深重了。從一部中國史來看，二十世紀是最混亂、最黑暗的時代。無論是「五胡亂華」、「五代十國」或「蒙古入主」較之二十世紀的中國都是微不足道的。上述幾個中國史上的「黑暗」

和「混亂」時期不過是一時外患造成的，並沒有傷及中國文化和社會的根本。所以接著還有唐、宋、明的文化新生。二十世紀中國則是一連串而且步步升級的「革命」；這是中國人自己為了「破舊立新」所作的努力。二十世紀的中國「革命」不但在觀念上是由知識分子提供的，而且最初的發動者也往往是知識分子。但「革命」的結果則是中國社會的邊緣人物（如地痞、流氓、光棍、無賴、不第秀才之流）佔據了中心的地位，支配著中國的命運，而原來在社會上舉足輕重的知識分子則反而邊緣化了。（「邊緣化」用大陸上流行的話說，便是「靠邊站」）。

知識分子的相對邊緣化本是現代多元社會的普遍現象，不僅中國為然。但中國的情況則十分特殊：邊緣人物形成了一個變相世襲的「新階級」（吉拉斯語）[1]；邊緣人「新階級」不但不代表任何社會階層（士、農、工、商）的利益，而且和所有階層的利益都是處於完全相反的地位。知識分子所持徹底「革命」的理論使邊緣分子得以輕而易舉地摧毀一切傳統的社會和文化組織和人倫關係，代之而起的則是一個絕對宰制性的單一政治組織，從中央一直貫穿到每一個家庭，甚至個人。

在所有現代化的社會中，傳統的組織和關係都經過了程度不同的變化，但是這種變化必須通過一個自然發展的歷程，而不能採用揠苗助長的方式。中國邊緣人的「新階級」出於「奪權」和「保權」的動機則更有甚於「揠苗助長」者，他們竟用暴力把中國舊有的民間組織一掃而光。這就斷絕了整個民族的生機，使現代「民間社會」（civil society）的成長成為永不可能的事了。

今天，邊緣人的「新統治階級」雖已隨著絕對權力的絕對腐蝕而呈現土崩瓦解之象，但已被徹底摧毀的傳統組織和關係卻已無從恢復舊觀。二十一世紀中國所面臨的最大課題便是怎樣在二十世紀的廢墟上重建民間社會，使一個比較合理的新秩序得以逐漸實現。這是人類史上從來沒有過的最嚴重的挑戰，我們簡直不能想像這一重建的工作將從何處著手。現在東歐已開始嘗到了這一劑苦藥，但較之中國仍不可同日而語，因為東歐的「新階級」主要是由外力強加而來的，民間社會的傳統（如宗教）並沒有完全消失。

二十一世紀將是中國知識分子贖罪的世紀。儘管他們已處在邊緣的地位，他們在思想上的徹底反省仍然是收拾中國破碎山河的一個始點。如果他們繼續堅持中國的問題是由於「封建傳統」還沒有破壞乾淨，那麼二十一世紀的中國人便只好準備接受「最後的審判」了。

「待從頭，收拾舊山河。」這是二十一世紀給中國人所規定的歷史任務。

1 編註：吉拉斯（Milovan Djilas）是南斯拉夫異議人士。

【編按】

此文刊於一九九〇年二月號《二十一世紀》第二期。這篇短文的兩年前，在一九八八年一月一日《中國時報》，余英時曾發表〈窮則變，變則通〉一文，副標「二十一世紀是中國人的世紀」，寫中國大陸當時「窮而失志」，台灣則「富而無禮」，末段卻向讀者告罪說不該掃興，並以「然而我卻真是盼望著二十一世紀會是中國人的世紀」為全文作結。可以說，關於「二十一世紀是中國人的世紀」一語，余英時本來只是冷靜懷疑，六四後變成口誅筆伐。

二〇〇五年，《南方人物周刊》刊出〈回首九十年代〉一文，作者朱學勤寫到一九九〇那年，稱道這篇是他「在那一年讀到的最結實的漢字」，並回憶說：

十年後，《二十一世紀》慶祝創刊十周年，余英時受邀未能出席，一位諾獎得主在這個會議上拿出事先複印好的余的文章，手一揚：「看看，這就是某某人在十年前寫的文字。」這一幕醜陋無比，只能與紅衛兵拿出黑材料得意示眾的神態媲美。台灣學者錢永祥隔一張桌子緊盯我的臉，事後說你不知道你的臉多難看，那一瞬間他就怕我失控。

這位諾獎得主是楊振寧。

二〇二〇年十月，《二十一世紀》創刊三十周年慶，刊出余英時一首七絕，是他給這篇文章的一個註解：

當時開筆欲迴天，今日重思徒悔慚；
回首卅年聊自解，有言畢竟勝無言。

Canon 34

余英時評政治現實

作　　者　余英時
主　　編　顏擇雅
訪　　談　羅四鴒　郭玉　金鐘　何頻　安琪　北明　馬國川　何榮幸　李怡
總 編 輯　初安民
責任編輯　陳健瑜
美術編輯　陳淑美　黃昶憲
資料整理　李依娟
校　　對　孫家琦　陳健瑜　顏擇雅

發 行 人　張書銘
出　　版　**INK** 印刻文學生活雜誌出版股份有限公司
新北市中和區建一路249號8樓
電話：02-22281626
傳真：02-22281598
e-mail：ink.book@msa.hinet.net
網　　址　舒讀網www.inksudu.com.tw

法律顧問　巨鼎博達法律事務所
施竣中律師
總 代 理　成陽出版股份有限公司
電話：03-3589000（代表號）
傳真：03-3556521
郵政劃撥　19785090 印刻文學生活雜誌出版股份有限公司
印　　刷　海王印刷事業股份有限公司

港澳總經銷　泛華發行代理有限公司
地　　址　香港新界將軍澳工業邨駿昌街7號2樓
電　　話　852-2798-2220
傳　　真　852-2796-5471
網　　址　www.gccd.com.hk

出版日期　2022年 5 月　初版
2022年 7 月 20 日 初版六刷
ISBN　978-986-387-565-9
定　　價　450元

國家圖書館出版品預行編目(CIP)資料

余英時評政治現實／余英時著.
--初版. --新北市中和區：INK印刻文學, 2022. 05
面； 14.8 × 21公分. --（Canon；34）
ISBN 978-986-387-565-9 (平裝)
1.CST: 余英時　2.CST: 政治思想
570.92　111003989

舒讀網